# Kreative Mitarbeiterführung

Klaus A. Zimmermann

Manager Training

# Kreative Mitarbeiterführung

Eine Anleitung zum Selbsttraining

FALKEN
GABLER

# Inhalt

# Einführung

Allen Seminaren und Lehrgängen auf dieser Welt, veranstaltet in angenehmen Umgebungen, ausgestattet mit bester Multimedia-Technik und Didaktik, ist eine Problematik gemein: Selbst wenn es starke und erlebnisreiche Veranstaltungen für die Teilnehmer sind und selbst wenn sich Seminarleiter, Referent oder Trainer verausgaben und die Teilnehmer mit hohen Erwartungen an die Umsetzung der guten Vorsätze und Veränderungen in der Praxis weggehen – es bleibt stets eine abknickende Erfolgskurve nach den Veranstaltungen.

Die Erklärung ist einfach. Man taucht während der Seminare in eine andere Welt. Nachher, in der Praxis, holt einen die Realität des so gänzlich anderen Tagesgeschäfts mit all den Zwängen und Bedingungen, die man auf der Lehrveranstaltung nicht hatte, wieder ein. Der Rückfall in alte Gewohnheiten scheint stärker. Wochen und Monate nach dem Kurs bleibt ein Ordner mit Lehrgangsmaterial im Regal und die Erinnerung an ein tolles Seminar im Kopf. Verändert hat sich im praktischen Handeln wenig.

Ich habe auch schon Seminarteilnehmer sagen hören: „Das ist zwar hochinteressant, aber wenn ich das alles umsetzen will, brauche ich nichts anderes mehr zu tun."

Ich habe solche Erfahrungen auf meine Arbeit im Training und Coaching mit Führungskräften transferiert und dadurch eine Verbesserung der praktischen Wirksamkeit erreicht. Im Unterschied zu herkömmlichen Seminaren und Trainings, in denen sich eloquente Seminarleiter und Trainer als bewunderte Modelle für idealtypische Verhaltensweisen in professioneller Show präsentieren, lege ich das Gewicht auf aktives Lernen und auf die Chancen zur tatsächlichen Verhaltensänderung und -verbesserung. Darauf zielt auch mit praktischen Übungsanleitungen dieses Buch ab.

Wenn nicht nur Anreicherung von Wissen, sondern praktische Verhaltensänderung erwünscht ist, ist das Intervall-Training mit zwischen den Trainingstagen genutzter Praxis eine interessante Variante zu herkömmlichen Kurs- und Seminarsystemen. Es ermöglicht die stufenweise Intensivierung und die erwünschte aktive Kontrolle von Lerneffekten. Die Methode hat den Vorteil eines längeren Lern- und Übungsprozesses unter Anleitung über mehrere Monate. Verhaltensänderung benötigt bekanntlich Zeit zur Refexlion, die in ein- oder mehrtägigen Veranstaltungen im Block nicht ausreichend gegeben ist. Die zwischen den Intervallen liegende vierwöchige Praxis am Arbeitsplatz kann zur Erprobung, Überprüfung, Relativierung, Korrektur, Bestätigung und mindestens teilweisen Umsetzung führen, wenn angemessene Begleitung erfolgt. Offene Fragen und Probleme im Umgang mit den Trainingsinhalten werden am folgenden Trainingstag aufgegriffen und in der Gruppe unter Hilfestellung des Trainers verarbeitet. So entsteht das erwünschte Feedback im Lernprozess und eine progressive Wirkungssteigerung im Ablauf des Trainings. Es kommt noch der ökonomische Vorteil hinzu, dass Mitarbeiter leichter einen Tag aus laufenden Arbeitsprozessen gelöst werden können als eine ganze Woche en bloc. So weit die grundsätzlichen Vorteile des Intervall-Trainings.

Kurze, prägnante, griffige und erlebnisintensive Aufarbeitung der Trainingsthemen und -inhalte müssen starke Nähe zur Praxis, zu den Erfahrungen und Gefühlen der Teilnehmer erreichen. So steht der arbeitende Mensch im Mittelpunkt, seine Kommunikations- und Dialogfähigkeit, seine geistigen Reserven (manche Menschen sollen regelmäßig ja nur 20 bis 30 Prozent ihrer geistigen Kapazität nutzen!), die Steigerung seiner Leistung und persönlichen Wirkung in der Wechselbeziehung Chef-Mitarbeiter. Grundlagen und Voraussetzungen werden erarbeitet, wie zum Beispiel mehr Bewusstheit, Verantwortung, unternehmerisches Denken, konkrete Zielvereinbarung, die Wirkung von Einstellungen, Vorstellungen und Visionen. Der Einsatz kreativer Arbeitstechniken, wirksamer Kooperation und Kommunikation und effiziente Arbeitsplanung werden kontrolliert zur Anwendung gebracht.

Im Mittelpunkt steht aber der wirkungsvolle methodische und systematische Einsatz der Führungsmittel Motivation, Beurteilung, Qualifikation, Lob und Anerkennung, Kritik, Konfrontation, Tadel und Kontrolle, um das Verhalten von Mitarbeitern zielgerichtet zu beeinflussen und zu verändern. Mitarbeiterförderung und -entwicklung ist eine Aufgabe, die mit diesen einfachen, auch im Selbsttraining schnell erlernbaren und anwendbaren Techniken professionell ausgeführt werden kann. Wir behandeln also jene Führungsmittel, die unmittelbar und hautnah am Menschen wirken und damit am ehesten sein Verhalten beeinflussen.

In den Trainingsveranstaltungen mit Gruppen werden Inhalte und Methoden so aufbereitet und vermittelt, dass klare Rahmenbedingungen und Anleitungen für die jeweils vierwöchige Praxis vorhanden sind. Damit werden die Voraussetzungen geschaffen, die an den Trainingstagen unter Anleitung des Trainers gewonnenen Erkenntnisse in der Praxis folgerichtig anzuwenden und zu überprüfen. Es stellt sich ein neu erworbenes Verhalten einschleifender Lerneffekt ein. Die progressive Wirkungssteigerung verstärkt von Intervall zu Intervall das Lernen.

Das Lernprogramm wirkt im Sinne von Verhaltensänderung aktiv, positiv und praktisch:

*Aktiv* – denn es geht nicht um perfekt verpackte Binsenweisheiten oder die Rekapitulation von Lehrbüchern. Die praktischen Übungen sollen nicht im üblichen Sinne „ankommen", sondern sind eine permanente Herausforderung an die Teilnehmer.

*Positiv* – da es gilt, den Mutigen fähiger und den Fähigen mutiger zu machen. Nicht Ursachen werden primär erkundet, sondern Lösungen und Veränderungen für Führungssituationen und -aufgaben erarbeitet. Durch bewusste und kontrollierte Erfolgserlebnisse wird Misserfolgsidentifikation abgebaut.

*Praktisch* – es geht nicht um eine überhebliche „Wir-lösen-alle-Probleme"-Einstellung. Vielmehr werden vorhandene Reserven mobilisiert und in Beziehung zur Realität gesetzt. Jede Übungseinheit wird im Alltag nutzbar gemacht. Die Teilnehmer bringen ihre Erfahrung und Persönlichkeit ein. Konkretes Führungsverhalten wird operationalisiert, das heißt in konkreten Handlungen und Situationen entwickelt und geübt.

Der Effekt liegt aber auch in der Einfachheit und Nachvollziehbarkeit der Übungen. Das Ergebnis ist spürbare Wirkungssteigerung und Sicherheit in Management und Führung von Mitarbeitern durch praktische Anwendung effizienter, auf Zielerreichung ausgerichteter Führungskonzepte im Sinne konkreter Verhaltensänderung.

Das Buch wurde geschrieben, um die über Jahre in Theorie und Praxis gewonnenen Erkenntnisse einem breiteren Kreis von Führungspersönlichkeiten als Selbstanleitung mit umfangreichem Übungsteil zugänglich zu machen. Zielgruppen sind aber nicht nur die Führungskräfte des Top- und Middle-Managements, jene konventionell als Manager definierten Führungskräfte. Ich denke auch an diejenigen Menschen, die Gruppen von Mitarbeitern in praktischer Ausübung der Aufgaben in Produktion, Handel, Dienstleistung und Verwaltung führen, an die Meister, Gruppenleiter, Projektleiter, Montageleiter, Lagerleiter, Bauleiter, Bandleiter, Büroleiter, Sachbearbeiter, Vorarbeiter. Kurz gesagt, sind alle angesprochen, die drei oder mehr Mitarbeiter zu führen, zu leiten oder anzuleiten haben. Dazu gehören natürlich auch die Kollegen Lehrer, Ausbilder, Trainer, Praxisanleiter, mit denen ich gerne über neue Methoden diskutiere.

Das Medium Buch lässt es natürlich nicht zu, die Durchführung der Übungen extern zu kontrollieren und die Praxis wie in einer Lerngruppe zu korrigieren. Wenn Sie aber die Grundlagen und die Philosophie des Trainings (Teil I) gründlich erarbeiten, sich der Reihe nach wöchentlich oder zweiwöchentlich, je nach verfügbarer Zeit, eine der acht Übungen mit Anleitungen (Teil II) gezielt vornehmen und täglich üben, dann bin ich mir eines großen Lerneffektes über acht oder sechzehn Wochen sicher. Natürlich bestimmt das individuelle Lerntempo den Zeitrahmen, den Sie sich setzen. Die Fragebogen am Ende der Kapitel dienen der zusätzlichen Selbstkontrolle. Die Erstellung von Merkkarten soll Ihnen im täglichen Gebrauch eine Hilfe bei der Moderation der Führungsgespräche sein. Schließlich können Sie Ihr Gesamtverhalten nach innen und nach außen noch einer zusätzlichen allgemeinen Wirkungssteigerung und Wirkungskontrolle (Teil III) unterziehen.

Die Verweise auf die Literatur sollen dem interessierten Leser die weitere Vertiefung und Orientierung spezieller Themen ermöglichen. Wenn Sie Fragen oder Anregungen haben, würde ich mich über Ihre Zuschrift freuen, um Ihnen beim Selbsttraining mit dem Buch weiterzuhelfen. Auch möchte ich in der Kommunikation mit Ihnen dazulernen und das Buch durch Ihre Hilfe und Erfahrung verbessern.

## Teil 1

# Die Grundlagen und die Philosophie des Trainings

# Standortbestimmung

*Search for the hero inside yourself*
*Search for the secrets you hide*
*Search for the key to your life …*
(Refrain aus einem Song von M-PEOPLE)

## UNTERNEHMER – KEINE LEICHTE AUFGABE

Für die angloamerikanische Wirtschaftswissenschaftlerin und Futurologin Hazel Henderson ist Unternehmertum „einfach Ausdruck von Kreativität, doch wurde es in Europa häufig mit Geschäft und Profit gleichgesetzt, während der reine Impuls des Unternehmergeistes sozialer Natur sein kann" (Henderson, 1990, S. 190). Und weiter wird die Vorstellung von der sozialen Verantwortung des Unternehmers als Arbeitsplatzsicherer über ein weites Spektrum von gesellschaftlichen Aufgaben bis hin zum Kulturträger gespannt.

Bei Industrie und Großbetrieben fühlen sich die Führungskräfte weniger als Unternehmer, sondern mehr als Angestellte, als leitende Mitarbeiter des Unternehmens. Und das scheint dort auch schon die Crux zu sein!



Und in Behörden, Verwaltungen? Da sieht es noch schlimmer aus. Fehlt es doch vollständig an Unternehmungsgeist, Produktivität und Wirtschaftlichkeit im Denken und Handeln! Die eil- und dienstfertige Politik hat offenbar zu voreilig die selbst verursachten Mängel an Effizienz und Produktivität mit die wahren Probleme zukleisternder Privatisierung zu lösen versucht. Ein vermeintlicher Weg aus dem Dilemma, das den Bürger immer teurer zu stehen kommt. Keine Verwaltung hat durch die neue Zauberformel bessere und preiswertere Leistung erzeugt. Die privatisierten Betriebe haben ebenfalls keine Vergünstigungen in den Leistungen eingefahren. Paradebeispiele sind die Müllentsorgung und die

Post, deren Leistungen für den Bürger eher teurer und schlechter geworden sind. Zwei Fragen bewegen uns bei dieser Diskussion:

- Kann man ein Unternehmen, eine Organisation allein aufgrund einer technischen, kaufmännischen, bürokratischen, wissenchaftlichen Ausbildung oder durch die Künste eines erlernten Handwerks führen?
- Reichen fachliche Kenntnisse über Produkte, Waren, Dienstleistungen, Gesetze, Richtlinien und Normen aus, um sich auf dem Markt zu behaupten oder den Dienst am Bürger zu erfüllen?

Groß- und Industriebetriebe werden durch Zentralabteilungen und Stabsstellen geführt. Kompliziertes und komplexes Know-how wird durch aufwendige Kommunikation zu einem leistungsfähigen Organismus zusammengefügt. Nicht unmittelbar produktive Aufgaben, Sonderprobleme, Projekte und punktuelle Fragen werden an externe Spezialisten und Institute vergeben. Klassische Beispiele dafür sind die Aufträge für Steuerberatung, Rechtsberatung, Marktforschung und Werbung. Aber auch Unternehmensberatung, Personalberatung und Krisenmanagement greifen helfend von außen in Unternehmen ein. Ob immer segensreich, sei dahingestellt. Jedenfalls navigieren Großbetriebe mit hochspezialisierten Bordmitteln, eigener Mannschaft und nehmen nach Bedarf geeignete Lotsen, je nach Fahrwasserzustand, an Bord.

Behörden, Verwaltungen und Verbände werden nach aufgabenspezifischen, formalen und bürokratischen Kriterien geführt. Leider sind sie häufig zu aufgeblähten Machterhaltungs- und öffentlichen Kontrollorganen degeneriert, als dass sie Dienst am Bürger tun. Das Selbstverständnis ist reichlich verbogen.

Ganz anders als in Industriebetrieben, Großdienstleistungen, großen Behörden und Organisationen ist das in kleinen und mittleren Strukturen. Hier werden die komplexen Führungs- und Steuerungsaufgaben in der Regel von einer oder wenigen Personen wahrgenommen.

Der kleine und mittlere Unternehmer aber ist alles in einer Person: Unternehmensstratege, Finanzplaner, Vertriebsleiter, Logistiker, Werbefachmann, Produktionsleiter, Marketingexperte, Arbeitsvorbereiter, Presonalleiter, REFA-Fachmann, Manager, Sachbearbeiter, Einkäufer, Fürsorger, Organisationsfachmann, Marktforscher, Zukunftsplaner … Nahezu Übermenschliches wird ihm damit abverlangt!

Was tun, um dem offenbaren Dilemma zu entgehen? Zurück zur „natürlichen" Unternehmensführung – was kommt, das kommt? Die Kompliziertheit der Anforderungen einfach ignorieren? Reichen nicht ein Meter zwanzig an Handbüchern, Loseblattsammlungen mit Ergänzungslieferung, volle Ordner mit Verbands- und Innungsinformationen? Soll man mehr Seminare oder Trainings besuchen? Fachleute einstellen? Mehr Technik? Vielleicht stärkere EDV als Problemlöser? Oder alles einfach dem freien Kräftespiel der Marktwirtschaft überlassen, etwa nach dem Modell eines Wirtschaftsministers Rexrodt: Laisser-faire, die Marktwirtschaft wirds schon richten?

Gering ist die Qualität guter Ratschläge. Groß ist aber die Flut von Lehrbüchern, Handbüchern und Anleitungen zur besseren Führung. Dennoch, so scheint es, hat sich nicht viel gebessert, sieht man auf die vielerorts grassierenden gravierenden Führungsfehler in Unternehmen, Verbänden, Vereinen, Institutionen, Behörden und nicht zuletzt auch in der Politik. Dabei leben Politik und Wirtschaft von Führung – überall müssen und wollen einzelne und Gruppen von Menschen zu einer Leistung, zu einem Ziel, auf einem Weg geführt werden.

Angesichts der Fülle an Wissen einerseits und Fehlern andererseits wundert es doch sehr, dass es durchaus brisante Erscheinungen im wirtschaftlichen und gesellschaftlichen Leben gibt, die eindeutig auf grobe Führungsfehler zurückzuführen sind. Wie konnte es trotz eines hohen Grades an Know-how und guter Tradition zu einer AEG-Pleite kommen? Wie konnte sich trotz Bankenaufsicht und hervorragender Kontrollorganismen die Herrstadt-Pleite ereignen? Wieso kommt es zu Veruntreuungen vom Ausmaß der OPEL-Korruption? Woran gehen Handelsketten wie COOP zugrunde? Was beutelt die Gewerkschaften oder die politischen Parteien? Wo liegen die wahren Gründe für die DAL- bis Schneider-Affären? Und weiter: Woran kranken UNO, NATO, Sicherheitsrat, die politischen Parteien? Die Rechtfertigungen und Ausreden kennen wir zur Genüge.

Natürlich lassen sich überall strategische, logistische, technische, wirtschaftliche, politische, religiöse und 100 andere Gründe zur Erklärung finden, warum die Systeme nicht so funktionieren, wie sie sollten. Gute Gründe sind aber in menschlicher Unzulänglichkeit und im Mangel an professioneller Führung zu suchen. Was das heißt, wird im Verlaufe dieses Buches noch zu klären sein.

Bei Betriebs- und Organisationsanalysen, die ich den Maßnahmen von Beratung, Schulung und Training gerne voranstelle, richte ich stets eine banal daherkommende, aber nachdenklich stimmende Frage an die Gesprächspartner in den Führungsetagen, aber auch an die Inhaber kleinerer Unternehmen:

*„Tun Ihre Mitarbeiter eigentlich immer das, was sie sollen?“*
*Schulterzucken, Ratlosigkeit und undeutliches Murmeln sind Teil spontan verunsicherter Reaktionen. Meist frage ich dann weiter: „Sollten sie das nicht?“*

*„Doch, schon …", ist stereotyp die Antwort. Es kommen aber auch schon mal Aussagen wie:*
*„Nein, das passiert nicht immer!", „… immer natürlich nicht …". In allen Fällen kann ich nachfragen:*
*„Warum tun die Mitarbeiter nicht, was sie sollen?"*

Spätestens dann ist die Ratlosigkeit perfekt. Die Erklärungen fallen schwer. Nach weiterem Frage-Antwort-Spiel kommen wir oft darauf, dass die selbstverständlichsten Dinge in der Praxis sträflich vernachlässigt werden: Schon die Aufgaben und Ziele wurden – weil selbstverständlich scheinend – nicht klar und präzise definiert und vereinbart. Wie sollen weitaus schwierigere und komplexere Aufgaben der Menschenführung dann wirksam erfüllt werden?

Die Ursachen liegen schlicht in unserer Wirtschaftswunderwelt, in dem unerschütterlichen Glauben an das vermeintliche Perpetuum mobile „Fortschritt und Wachstum". Sie hat auch die Menschen in Führungsfunktionen bequem gemacht, das Denken und Handeln sozial abgefedert und Bedienstetenmentalität erzeugt. In Wirtschaft und Politik hat sich ein unglaubliches Versorgungs- und Anspruchsdenken breit gemacht. Es fehlt an unternehmerischem Denken von den Führungsetagen der Großbetriebe bis hin zu den Sachbearbeitern, Gruppenführern und Vorarbeitern der kleineren Unternehmen. Groß ist allerdings heute die Ratlosigkeit und Einfallslosigkeit unserer Wirtschafts- und Politikführer.

Frederic Vester, renommierter Biochemiker und Kybernetiker, bringt das Problem in einem Aufsatz „Abkehr vom mechanistischen Denken als Chance zur Lösung gesellschaftlicher und ökologischer Probleme" auf den Punkt: „Mit dem Ende der Wachstumsphase greifen nun all jene aus dem mechanistischen Denken stammenden Methoden und Entscheidungshilfen nicht mehr richtig und unsere Führungskräfte beginnen, hilflos einem unerwarteten Ereignis nach dem anderen hinterher zu hinken. Der ständige Ruf nach Wachstum und Konjunkturaufschwung scheint … weniger aus ökonomischen als aus psychologischen Gründen verständlich: Man will einfach die alten Managementmethoden beibehalten können!" (Vester, 1990, S. 73)

Nicht ratlose „Blick-zurück-im-Zorn"-Systemerhaltungsmentalität unseres wohl bestallten Wirtschafts- und Politik-Managements, sondern ganzheitliches, innovatives unternehmerisches Denken und Handeln sind in rezessiven Zeiten besonders gefragt, aber nicht nur in den Führungsriegen, sondern am einzelnen, auch am einfachsten ausführenden Arbeitsplatz. Es mangelt durchweg an Kreativität und Innovationskraft in Wirtschaft, Wissenschaft und Politik.

Symptomatisch ist, dass alle Wirtschafts- und Wissenschaftsminister unter Innovation ausschließlich technische Innovation verstehen und damit weiterhin dem mechanistischen Weltbild huldigen. Die Ausschreibungen und Richtlinien der Förderprogramme zeigen das nur allzu deutlich. Dabei geht technischer Innovation erst einmal die geistige Innovation voraus. Und da freveln wir seit 20 Jahren sträflichst! Da tun wir so wie jener Bauer, der allmählich seine Saatkartoffeln aufgegessen und an seine Tiere verfüttert hat und sich jetzt wundert, dass er nichts mehr zu essen hat.

Vester sieht die Ursachen des Desasters in falschen Denkstrukturen, die in unseren Schulen und Universitäten geprägt werden. Diese lenkten unser Denken und Handeln „schon durch die Fächereinteilung penetrant in die … Richtung, also die Auffassung, dass unsere Welt ein Sammelsurium unzusammenhängender Details darstelle, deren getrenntes Studium allein dazu befähige, sie zu verstehen." (Vester, 1990, S. 75) Er fordert nachdrücklich die geistige Reform, die Veränderung unserer Denkansätze.

Der bekannte Zukunftsforscher und Kulturkritiker Robert Jungk weist in dem hoffnungsvollen Beitrag „Selber Schöpfer sein" auf die notwendige gewaltige „schöpferische Aufwallung (creative surge)" hin, „die nach Ansicht des englischen Physikers und Philosophen David Bohm alle Lebensbereiche weltweit erfassen müsste …, um unsere vom Scheitern bedrohte Zivilisation noch zu retten." (Jungk, 1990, S. 94)

Jungk weist auf verschiedene zukunftsweisende Praxisansätze hin, die mehr soziale Fantasie entwickelten, zum Beispiel der Wettbewerb für originelle und nützliche gesellschaftliche Erfindungen des Londoner „Institute for Social Invention", die Sendereihe des dänischen Rundfunks mit so genannten „Zukunftswerkstättlern", die Vorschläge für die Zukunft Kopenhagens über den Äther sammelte, oder die in der Schweiz in einigen Gemeinden unternommenen Versuche, mit Bürgern über deren gewünschte „Zukünfte" zu sprechen. Er weist auch mit Stolz auf die Arbeiten seiner „Zukunftswerkstätten" im Rahmen des nordrhein-westfälischen „SOTECH"-Modernisierungsprogramms hin. (Jungk, 1990, S. 96)

Doch wer hört die Rufer in der Wüste? Für die geistige und kulturelle Innovation, die eigentlichen Programme zur Sicherung der Zukunft, wird absolut und im Verhältnis immer weniger investiert! Mit dem Ende der 70er-Jahre wurden Erziehung, Bildung und Kultur politisch und wirtschaftlich zunehmend abgewrackt. Wettbewerbsnachteile, Rezession der Wirtschaft und hohe Arbeitslosigkeit sind die katastrophalen Spätfolgen.

Symptomatisch ist die historische Entwicklung. In den frühen 60ern wurden die Vereinigten Staaten von Amerika vom so genannten „Sputnik-Schock" erfasst: Die sonst selbstgefällige amerikanische Nation befürchtete, aufgrund defizitärer Bildungsentwicklung gegenüber der sowjetischen Macht ins Hintertreffen zu geraten und entwickelte ein Feuerwerk an Bildungs- und Erziehungsreformen. Mit nationalen Spezialprogrammen wie „Head-Start" sollten selbst bis dahin unterprivilegierte gesellschaftliche Gruppen schon im frühen Kindesalter einen Bildungsschub erhalten. „Chancengleichheit" war das politisch bestverkäufliche Schlagwort jener Zeit. Die amerikanische Bildungsforschung überschlug sich und gebar damals jeden Tag neue revolutionäre Erkenntnisse.

Anfang der 70er-Jahre schwappte der Bildungsboom mit etwa zehnjähriger Verspätung über den großen Teich auch zu uns und erfasste Wissenschaft und Politik mit nie gekanntem Reformeifer. Unsere Erziehungs-, Bildungs- und Kulturminister wurden regelrecht wissenschaftshörig und in nie gekanntem Ausmaß reformfreudig. Modellversuche, wissenschaftliche Begleitungen, Erziehungs- und Bildungskongresse, nationale Symposien, Reformausschüsse und Bildungskommissionen feierten fröhliche Urstände.

In den Kindergärten wurde begonnen: Methodik, Didaktik, Material, Personal, Organisation und Finanzierung wurden in fast allen Bundesländern durch Modellversuche für eine neue Pädagogik erprobt. Autonomie, Kompetenz und Sozialisation hießen die neuen übergreifenden Lernziele zur Förderung eines neuen Menschenbildes unter ganzheitlicher Sicht. Die Vorklasse wurde zum Ansatz einer Grundschulreform zugunsten kindgemäßeren und effektiveren Lernens. Ansätze für eine hoffnungsvolle Zukunft.

Die curricularen wissenschaftlichen Ansätze im Elementar- und Primärbereich des Bildungsgeschehens waren beispielgebend für innovative sozialpädagogisch orientierte Erziehungs- und Lernprozesse. Es gab aufwendige wissenschaftliche Begleitungen und bundesweite Koordination von Wissenschaft, Politik und Verwaltung durch den Deutschen Bildungsrat (Deutscher Bildungsrat, 1970). Hartmut von Hentig (Hentig, 1971) zeichnete die Visionen einer besseren pädagogischen Zukunft zum Greifen nah. Autonomie und Kompetenz zur Bewältigung von gegenwärtigen und zukünftigen Lebenssituationen wurden die leitenden globalen Lern- und Erziehungsziele einer neuen Pädagogik, die sich ernsthaft an deren Operationalisierung, Instrumentalisierung und Implementation machte.

Mit dem Beginn der 80er-Jahre zerplatzte das Szenario wie eine Seifenblase: Mitten in den Phasen der Implementation und Umsetzung spreizten sich die

Finanzminister und durchquerten die Reformansätze mit einem Federstrich aufgrund falscher Prioritäten und Verteilungspolitik. So ergab sich die Perversion, dass plötzlich wieder von wissenschaftlicher Seite pädagogische Begründungen für größere Lerngruppen in Kindergarten und Schule, schlechtere Ausbildung des Personals, geringere materielle Ausstattung der Bildungseinrichtungen gefordert wurden. Verständlich, da man von einer neuen Rezession gerade kalt erwischt wurde. Unverständlich, dass gerade dort gekappt wurde, wo die größten Chancen zur Überwindung von gesellschaftlichen und wirtschaftlichen Schieflagen gesehen werden müssen: in der Kraft und Stärke von Erziehung, Bildung und Kultur eines Volkes. Die größten gesellschaftlichen Versäumnisse und Verantwortlichkeiten für die heutigen Probleme liegen dort begründet. Sie kommen uns heute teuer zu stehen.

Hazel Henderson weist in dem Aufsatz „Neue Wege" mit einer aktuellen Diskussion über Umschulung, Schaffung und Sicherung neuer Arbeitsplätze auf den wunden Punkt hin: „Die Erziehung spielt dabei eine wichtige Rolle … Die Ausbildung des postindustriellen Bürgers sollte in sich höchste Priorität haben, anstatt nur Teil der Ad-hoc-Strategie zu sein, die Leute in solchen Fertigkeiten zu unterweisen, die schnellen Veränderungen unterworfen sind. Die Ausbildung muss sich darauf konzentrieren, die Flexibilität und das Gleichgewicht eines Menschen zu erhalten, damit er verschiedenen Herausforderungen mit größerer Gelassenheit und Findigkeit begegnen kann." Und weiter: „Die Universitäten werden, anstatt zu versuchen, mit der betrieblichen und beruflichen Ausbildung zu konkurrieren, sich darauf konzentrieren müssen, die Menschen im Denken zu unterweisen und sie mit umfassenden globalen Modellen und interdisziplinären Studien zu versehen, damit sie ihr Leben in einen fortwährenden Kontext des Wandels stellen können, wie innovative Erzieher dies jetzt befürworten." (Henderson, 1990, S. 196)

# REZESSION UND KRISE – FÜHRUNGSFEHLER

Im Rahmen der Wirtschaftsförderung in den neuen Bundesländern habe ich 1993 angesichts der desolaten Wirtschaftsentwicklung im Osten in einer Verlags-Sonderveröffentlichung der Altmark-Zeitung einen Aufsatz unter dem Titel „Rezession und Krise – Chance zur Erneuerung“ (Zimmermann, 1992) geschrieben.

Nach der Wende erlebte das magische Wort „Marktwirtschaft“ durch die Bewunderung, die es in den neuen Bundesländern erfuhr, auch im Westen eine Bedeutungsrenaissance. Es hat die Menschen hüben und drüben hoffnungsvoll in eine neue Zukunft blicken lassen. Mittlerweile ist für viele ein abgegriffenes Schlagwort mit schalem Nachgeschmack daraus geworden.

Was blieb vom Freudentaumel nach dem Mauerfall? Fakt ist, die Marktwirtschaft war nie so frei und so sozial, wie sie von Politik und Wirtschaft dargestellt wurde. Sie wird nur gerne von gewissen Interessen als Deckmantel für „Laisserfaire“ und politische Tatenlosigkeit missbraucht. Der erwartete Segen des Füllhorns bleibt – entgegen den Dauerbeschwörungen der Spitzenpolitiker – seit Jahren aus. Selbst der bekannte Mechanismus der self-fulfilling-prophecy scheint, sehr zum Leidwesen der Politiker, nicht mehr zu funktionieren.

Die Triebkräfte der Wende sind heute flügellahm, die zu neuen Ufern rufenden Stimmen verstummt, einige Aktive sind erfolgreich eingegliedert und systemangepasst, andere wurden ins politische Abseits gedrängt. Die westlichen Aufbruchpolitiker und Wirtschaftsführer verharren in sich wiederholenden Prozessen retroaktiver Hemmungen.

Goldgräber, Abenteurer, Glücksritter und Wegelagerer aus dem Westen haben die neuen Länder nach kurzer Zeit wieder verlassen. Einige sind weiter gezogen nach Russland, in die Ukraine, nach Polen und treiben dort ihr Unwesen. Zurück bleiben Enttäuschung, Verdruss, Neid, Zwietracht, Vorurteil, Lüge, Betrug und Gewalt. Das sind neue Parameter im Volksbewusstsein des Ostens der Republik. Wurden Stigmatisierung und Schuldzuweisung für Krise und wirtschaftlichen Niedergang bestimmend für die Einstellungen der Bürger im Westen? Entstand eine neue, psychosoziale Mauer?

# WAS BRINGT DIE ZUKUNFT?

Wie geht es weiter? Was bringt die Zukunft? Das sind die Fragen und Sorgen der Bürger landauf, landab. Ich denke, wir stehen vor einer neuen Herausforderung, wenn wir aus der Geschichte zu lernen bereit sind.

Die Bundesrepublik befindet sich seit 1989 zum vierten Male in einer Rezession, die jedoch schwerer, länger und anders begründet ist, als die der Jahre 1966/67, 1974/75 und 1981/82. Und die derzeitige Krise wurde auch nicht allein von der Deutschen Einheit verursacht, so viel ist gewiss! Schon die große Krise von 1981 war international so gewichtig, dass der angloamerikanische Sprachraum neben dem deutschen Begriff „Kindergarden“ ein neues deutsches Wort „Angst“ aufnahm. Damit wurde die Stimmung charakterisiert, die damals herrschte: Kriegsgefahr, Aufrüstung, Wirtschaftskrise, Arbeitslosigkeit, Unruhen, Sparmaßnahmen. Sie drückte allen aufs Gemüt und löste eben jene „Angst“ als Weltgefühl aus.

Hundertfach hat die Wirtschaftsgeschichte indes belegt, dass machtpolitische, gesellschaftliche, wirtschaftliche und kulturelle Umbrüche auch besondere Herausforderungen und Chancen darstellen. Die Fundamente des Wohlstandes wurden stets in schlechten Zeiten gelegt.

Dagegen verhalten sich Politiker, Parteien und Wirtschaftsführer heute, in einer Zeit, in der Entschlossenheit, Tatkraft, Leistungswille, Kreativität und Innovation gefragt sind, zerrissen, handlungsunfähig, unglaubwürdig, abwartend, aussitzend und feige oder verrichten vom Volk bezahlte Solidarpaktübungen hinter aufgeblähten Worthülsen zur Stimmvolk zähmenden Harmoniedemonstration ohne Gehalt. Man hat manchmal den Eindruck, dass nicht die Eliten der Nation das Volk führen, sondern drittklassige Hinterbänkler die Krisenjahre der Demokratie für allzu menschliche niedere Karrieresucht ausnutzen.

Wie ging es denn den Dinosauriern in grauer Vorzeit? Sie starben aus, weil sie sich nicht an eine veränderte Umwelt anpassen konnten. Unser Jahrhundert ruft indes nach grundlegender Veränderung.

Für manchen Wirtschaftsphilosophen waren Krisen nur negative Aspekte und Erscheinungen kapitalistischer Marktwirtschaft. Karl Marx glaubte sogar, dass daran schließlich unser Wirtschaftssystem zerbrechen würde. Was er nicht wusste: Krisen sind Ausdruck der Stärke eines Systems. Und sie setzen Selbstreinigungs- und Stärkungsprozesse in Gang!

Im Grunde sind die Lösungen nicht allzu schwer: Das gesellschaftliche, wirtschaftliche und parteipolitische System bedarf der Umorientierung. Konsum um seiner selbst willen ist die krankhafte Entwicklung einer degenerativen Gesellschaft. Erwachsene und – was noch schlimmer ist – Kinder und Jugendliche sind davon befallen. Daher müssen wir lernen, sinnvoll zu konsumieren, uns an Bedürfnissen und Werten zu orientieren. Investitionen in Erziehung, Bildung und Kultur sind drastisch zu erhöhen, denn hier grassiert seit Jahrzehnten die schleichende Schwindsucht.

Geistige und kulturelle Innovationen sind die Träger und Antriebskräfte für gesellschaftlichen und wirtschaftlichen Fortschritt und für Stabilität. Leistung, Arbeit, Wettbewerb, Kreativität, Pionier-, Unternehmungsgeist und Improvisationskunst sind erforderlich. Hingegen weniger einschläfernde staatliche Macht- und Herrschaftsstrukturen, weniger Ausgaben der öffentlichen Hand und Abschaffung der Berufspolitik.

Politik muss neue Ziele definieren und realisieren: Reduzierung der Staatsgewalt, Auflösung zentraler Verwaltungen, aufgeblähter Behördenapparate und Stärkung der Befugnisse auf regionalen und lokalen Ebenen, die nur noch zentral zu koordinieren sind. Außerdem muss der allerorten erkennbare Drang von Völkern und Volksgruppen nach Autonomie und die Auflehnung gegen Zentralismus und Großmachtpolitik am Ende dieses Jahrhunderts endlich erkannt und in Politikinnovation umgesetzt werden. Hier eröffnet sich eine neue und vornehme Dimension politischer Führung. Es geht um die Organisation und Koordination von mehr Selbstverwaltung und -verwantwortung des Bürgers. Und das beginnt natürlich in der Erziehung und wird zu einer Führungsaufgabe mit neuen Inhalten und Zielen.

Der habilitierte Volkswirt Gerd Michelsen zeigt nach einer kritischen Bestandsaufnahme der politischen, ökonomischen, ökologischen und sozialen Lage Deutschlands konkrete Szenarien für eine nach vorne gerichtete Politik der Zukunft auf. Das düstere „Szenario I: Weitermachen wie bisher" (Michelsen, 1990, S. 159) gleicht einer apokalyptischen Realisierung von George Orwells „1984". Dabei schreiben wir schon 2000! Das „Szenario II. Reformpolitik" (Michelsen, 1990, S. 161) zeigt die Mobilisierung und Aktivierung vieler Bürger, stärkere Polarisierung der Gesellschaft, Bürgerinitiativen, Demokratisierung der Wirtschaft, Machtverlagerungen auf Länder und Regionen, Schutz der Grundrechte, grundlegende Finanzreform, gesellschaftskritische Forschungs- und Technologiepolitik, Aufwertung von Bildung und Wissenschaftsnähe zum Bürger als zukunftserhaltende und lebensrettende Parameter.

| Gegenüberstellung der Ergebnisse der traditionellen und der Reformpolitik | | |
|---|---|---|
| | **Traditionelle Politik** | **Reformpolitik** |
| **Energie** | Zunahme des Risikos bei Festhalten an der Atomenergie sowie an fossilen Brennstoffen | Übergang zu einer Ressourcen schaffenden, risikoarmen, auf alternativen Energietechnologien aufbauenden Sonnenenergiewirtschaft |
| **Umwelt** | steigende Umweltbelastungen trotz weiterer, aber eher reaktiver politischer Maßnahmen, vor allem durch Industrie und Landwirtschaft, aber auch durch Privathaushalte | sinkende Umweltbelastung aufgrund der konsequenten Verhinderung von Umweltbeeinträchtigungen durch präventive Umweltpolitik |
| **Arbeit** | wachsende Arbeitslosigkeit bei Fortsetzung konservativer Wirtschaftspolitik | hoher Beschäftigungsstand u. a. durch Verkürzung der Arbeitszeit und Veränderungen der Wirtschaftsstruktur, umweltschonende Wirtschaftsweise |
| **Landwirtschaft** | Konzentration auf wenige Landwirtschaftsfabriken mit angeschlossener Nahrungsmittelindustrie bei hohem Maschinen- und Chemieeinsatz | Umstellung auf kleine und mittlere landwirtschaftliche Betriebe auf der Grundlage von ökologisch und sozial verträglicheren Produktions-, Arbeits- und Vermarktungsweisen |
| **soziale Sicherung** | zunehmende soziale Armut bei geringeren Einkommen für immer mehr Erwerbstätige und Absinken weiterer Bevölkerungsgruppen auf Sozialhilfeniveau | Gewährleistung von sozialer Sicherheit durch Umstrukturierung des Systems in Richtung einer Grundsicherungsregelung für jedermann; Einführung einer Grundrente |
| **Frieden** | Verringerung des Grades von äußerer Sicherheit bei Festhalten an der Abschreckungspolitik | Erhöhung der äußeren Sicherheit und der allgemeinen Flexibilität der Bundesrepublik durch ein eigenständiges Friedenskonzept |

*Quelle: Michelsen, 1990, S. 160*

In Form einer Tabelle stellt Michelsen die Wirkungen der beiden Szenarien sehr plastisch gegenüber. Wegen des interessanten Denkanstoßes ist sie auf der vorhergehenden Seite wiedergegeben.

Angesichts verschiedener vorhandener und brauchbarer Reformansätze ist das abwartende, unausgegorene und problemverschleppende Verhalten der Politik- und Wirtschaftskapitäne unverständlich. Unterstellt man allerdings bewusste Absicht, dann wird es wieder gut verständlich!

Natürlich sind für Reformen lieb gewonnene Sozialmarotten abzutakeln. Wir müssen lernen, dass soziale Sicherheit nicht durch die Chimären von Arbeitslosengeld, Subventionen, Arbeitsbeschaffungsmaßnahmen, Ausbildungsgesellschaften, Kranken- und Sozialversicherung, Sozialhilfe, sondern allein durch Arbeit, Leistung und Produktivität der Menschen gewährleistet wird. Menschen, die bereit sind, unternehmerisches und gesellschaftsrelevantes Risiko zu tragen, benötigen aber flankierende Maßnahmen. Seine geistigen Ressourcen und seine Arbeitskraft sind die letzten Kapitalreserven eines maroden, von Krisen gebeutelten Staates.

Leider zu wenig beachtete internationale Untersuchungen, die regelmäßig im JSBM, **J**ournal of **S**mall **B**usiness **M**anagement (Publikationsorgan des ICSB, **I**nternational **C**ouncil for **S**mall **B**usiness) veröffentlicht werden, zeigen deutlich, dass im internationalen Handel mittlere Betriebe, die den Marktzugang haben, eine herausragende Rolle für die Revitalisierung von brachliegenden Regionen innerhalb internationaler Wirtschaftsstrukturen spielen. Klein- und Mittelbetriebe sind äußerst flexibel und umstellfähig. Der Unternehmer und seine Familie sind mit ihrem Betrieb unmittelbar und existenziell verbunden. Das schafft enorme Sicherheit.

De facto gibt es keine passende und wirkungsvolle Mittelstandsförderung, geschweige denn gewichtige Förderung kleiner Unternehmen. Die Mittelstandsförderprogramme des Bundes und der Länder haben Alibifunktion. Sie gehen an den Bedürfnissen und Möglichkeiten kleiner und mittlerer Unternehmen vorbei. So lange außerdem die Verantwortung für Bewilligung und Zuteilung von Fördermitteln bei der Banken-Mafia liegt, sind die Existenzen gerade kleiner Unternehmen an der Würgeleine vermeintlicher Führung jener Wölfe im Schafspelz.

Wenn regionale Märkte nichts mehr oder nicht genug hergeben, muss nach überregionalen Chancen gesucht werden. Um konkurrenzfähig zu werden, müssen Systemzöpfe wie Tariflöhne und Beamtenmentalität abgeschnitten, durch humane, leistungsorientierte Entlohnungssysteme und Produktivität der Arbeit ersetzt werden. Unser System von Kammern, Innungen, Verbänden und Gewerkschaften muss die sich selbst verwaltenden Erbhöfe von Zwangsmitgliedschaften abtreten und besser mithelfen, unternehmerische Kräfte zu entfalten.

Aber die Systemerhalter spielen lieber die Steigbügelhalter anhaltender Rezession und Krise! Und das Spiel ist durchaus verständlich: Unter wirtschaftlicher Deprivation kann der Bürger leichter und länger gegängelt, gedemütigt, ausgebeutet und unterworfen werden. Ein perfekt funktionierender Mechanismus intelligenter Machtausübung! Man darf vermuten, dass in diesem Spiel niemand in Politik und Wirtschaft ernsthaft an einer Veränderung des Zustands Interesse hat. Ein Volk in der Krise lässt sich leichter führen und verführen!

Was wir aber bräuchten, sind bürgernahe, minimale Verwaltungen mit der Aufgabe und Bereitschaft zum Dienst am Bürger. Die Vorstellung von einer Behörde als dem Bürger dienender Institution, vom Bürger installiert, kontrolliert und bezahlt, ist uns doch so fremd. Machen Sie den Versuch: Kontrollieren Sie als Bürger doch einmal die Produktivität der Arbeit Ihres Finanzamtes. Überprüfen Sie die Wirtschaftlichkeit der Arbeitsweise einer Ministerialabteilung. Schon das Ansinnen trifft auf Unverständnis, nicht zu reden von dem zu erwartenden Ergebnis.

Äußerster Einsatz des Einzelnen, Mut und Entschlossenheit gehören dazu, um überkommene Strukturen und Organisationsformen zu verändern. Aber nur so kann Krise durch Innovation zum Aufschwung führen. Der Karren kann nur aus dem Dreck gezogen werden, wenn die Mitreisenden aussteigen und in die Speichen greifen. Wir haben zu viele unproduktive Kräfte und Trittbrettfahrer, die als Vorbilder die Trägheit der Masse verstärken, anstatt sie zu beschleunigen.

Vielleicht fragen Sie: Was aber hat das alles nun mit Führung, Management und Training zu tun? Sehr viel sogar, denn im Training versuchen wir, die immanenten Kräfte des Einzelnen zu wecken und zu fördern, damit sie gesellschaftlich und wirtschaftlich optimaler wirken. Deshalb müssen wir unsere Arbeit auch in gewisse grundsätzliche Systemzusammenhänge stellen und hinterfragen. Allgemeinwirtschaftliche Überlegungen gehören nun einmal zur Standortbestimmung der Führungskraft. So beginnen meine Fragen als Führungskraft mit wesentlichen Fragen an mich selbst, nach den zentralen Faktoren meiner Autonomie und Kompetenz, nach den Anteilen von Selbstbestimmung und Fremdbestimmung, nach meinen Einstellungen, Werten, Vorurteilen, Abhängigkeiten, nach der gesellschaftlichen Bedeutung und Einbettung meiner Arbeit. Erst dann kann ich über Verantwortung, Führung, Delegation und Führungsmittel reden. Es geht also um mein kritisches Bewusstsein im Umgang mit mir selbst, mit anderen und mit dem Training meines Führungsverhaltens.

Unser Bildungs- und Erziehungswesen ist ausgehungert. Die Kindergärten sind weitgehend zu Aufbewahrungsstätten reduziert. Die Grundschule wurde zur Brutstätte durchschnittlicher formaler Bildung. Die Hauptschule ist ohne Fortune, Auftrag und Halt. Parteipolitisch gewürzte Organisationsexperimente mit der Gesamtschule lenken von der pädagogischen Disqualifikation des weiterführenden Schulwesens ab. Hochschulen und Universitäten sind zu Rekapitulationsanstalten isolierten curricularen Spezialwissens geistig versteppt und verschult. Die stufenweise Kappung der Freiheit von Forschung und Lehre führten zum Gipfel des geistig-innovativen Ausverkaufs. Kultureller Abstieg ist vorprogrammiert, wenn man den Niedergang der Fördermittel für Kultur, die Schließung und Zerstörung von Büchereien, Theatern und Musikhäusern in den vergangenen 20 Jahren aufmerksam verfolgt. Zeichen einer untergehenden Kultur oder gewollte Aushungerung?

Und das hat sehr viel mit Führung zu tun, mit großen Versäumnissen, Nachlässigkeiten und Verantwortungslosigkeiten. Wir werden sehen, dass kreative Führung eine zukunftsorientierte Aufgabe ist. Darum ist es erforderlich, auf dem dritten und vierten Bildungsweg, in der beruflichen Qualifikation, auch wieder über wesentliche Zusammenhänge und Bestimmungen nachzudenken, um Verhaltenstraining aufzubauen. Wir werden uns auch im Laufe des Trainings mit einem bestimmten Menschenbild, mit Einstellungen zum Menschen und zu Werten beschäftigen.

Fritjof Capra, österreichisch-amerikanischer Physiker und Philosoph, sieht unter dem Titel „Die Vernetzung der Weltprobleme“ die heutigen globalen Weltprobleme als systemische Probleme, die alle wechselseitig verknüpft und voneinander abhängig sind. (Capra, 1990) Er fordert die Abkehr von einem mechanistischen Weltbild, vom Konkurrenzkampf um die Existenz, vom Glauben an unbegrenzten materiellen Fortschritt durch wirtschaftliches und technologisches Wachstum und von einem Wertesystem, das durch übertriebene Selbstbehauptung, durch Kräfte der Expansion, Quantität, Beherrschung etc., gekennzeichnet ist. Er weist nach, dass keines der akuten Lebensprobleme dieser Erde gelöst werden kann, wenn wir nicht unsere Lebensweise und gesellschaftlichen Institutionen an einem neuen ganzheitlich-ökologischen Weltbild, an Wertvorstellungen, die auf Bewahrung, Qualität und Partnerschaft beruhen, orientieren.

Davon sollten sich unsere Führer in Wirtschaft, Politik, Kultur, Erziehung und Bildung beeinflussen und leiten lassen, anstatt weiterhin mit Einzelaktionen, funktionalen Kuren und akuter Symptombehandlung die Behebung der eigentlichen Probleme zuzukleistern.

# FÜHRUNGSKRAFT – BERUF OHNE AUSBILDUNG

Es gehört zur Phänomenologie der Führung, dass sie dann immer besonders gefragt und topaktuell ist, wenn schwierige Phasen zu meistern sind. Mindestens aber, wenn Ursachen für Pannen und Fehler gesucht werden. Dann erinnert man sich gerne der Führung, um ihr Schuld und Verantwortung für Versagen zuzuweisen. Darin mag auch ein Grund liegen, warum manche, durchaus hoch qualifizierte Menschen Führung und Verantwortung ausgesprochen meiden. Viele Führer erleben täglich mehr Misserfolg und Tadel als Erfolg und Lob. Der Sieg kennt viele Väter, die Niederlage immer nur einen. Führung aber als alltägliches „Handwerk" ist weniger verbreitet. Woran liegt das? Nun, das beginnt schon in der Erziehung der Kinder und wie Kinder Erziehung erleben.

Für fast jede Arbeit braucht man heute eine qualifizierte Ausbildung. Die wenigsten Eltern haben sich für die Erfordernisse verschiedener Alters- und Entwicklungsstufen qualifiziert oder für die individuellen Belange ihrer Kinder vorbereitet, ausgebildet und trainiert. Grundlagen der Philosophie, Pädagogik und Sozialisation fehlen in den allgemein bildenden Ausbildungsgängen. So, wie Eltern „von Natur aus" Erzieher werden, so wird manch einer aufgrund fachlicher Qualifikation auf technischem, kaufmännischem oder organisatorischem Gebiet zur Führungskraft. Mancher wird es durch Erbe oder Beziehung.

Es ist aber ungleich schwieriger, Menschen zu führen, denn eine quadratische Gleichung zu lösen, eine Brückenspannung zu berechnen, eine Kostenstellenrechnung einzuführen oder ein Gerüst zu erstellen. Für alle Jobs gibt es umfangreiche und qualifizierte Ausbildungen, Trainings in Fertigkeiten und Fähigkeiten. Führungskraft ist aber ein ungelernter Beruf!



Zu allem Überfluss werden wir die größte Zeit unseres Lebens traditionell misserfolgsorientiert geprägt. Das geht schon massiv und noch dazu pädagogisch begründet in der Schule los! Kinder, Jugendliche und Auszubildende werden nicht danach beurteilt, was sie können, sondern die Bildungsinstitutionen stellen durch ihre Erfüllungsgehilfen, Lehrer genannt, systematisch fest, was sie nicht können. Das ist die schlichte Umkehrung, ja die Perversion von Pädagogik! Prüfungen sind eine regelrechte Suche nach Fehlern. In Klassenarbeiten werden vornehmlich Fehler – und dann noch mit roter Tinte, der Farbe des Blutes – dick angestrichen. Der Horrortrip des negativen Überlebenstrainings beginnt!

Es gehört schon sehr viel Selbstüberschätzung und Überheblichkeit dazu, sich nach 20 oder 30 solcher Trainingsjahre noch Führung und Verantwortung aufzuladen. Und die wenigen, die es schaffen, nicht durch den Rost der Misserfolgsmotivation von Erziehung und Ausbildung zu fallen, machen eine verschwindende Minderheit im Staate aus.

Das vielseits beklagte Desinteresse, die Null-Bock-Haltung, bis hin zur steigenden Kriminalisierung von Kindern und Jugendlichen, ist Ergebnis einer jahrzehntelang verfehlten Erziehungs-, Bildungs- und Kulturpolitik.

Zwar ist das Problem in manchen Ausbildungsgängen erkannt. So spielen in den Meisterschulen einige Stunden Pädagogik wegen der damit verbundenen Ausbildungsbefähigung eine Rolle. Manager, die auf sich halten, begeben sich einmal im Jahr wenigstens zu einem Führungsseminar. Und wenn ein Abenteuerurlaub oder ein Survival-Training zum Zwecke der Selbsterfahrung herhalten müssen! Auch Techniker und Ingenieure lernen freiwillig den Umgang mit Menschen in Fortbildungsmaßnahmen. Tatsächlich sind das nur lächerliche Symptomkuren mit Wirkungen, wie die des berühmten Tropfens auf den heißen Stein.

Hinzu kommt, dass wir es bei der Führung von Menschen mit einer sehr plastischen, vielschichtigen, situations- und gefühlsabhängigen Materie zu tun haben und deshalb Führung nicht im Sinne von „Man-nehme-Rezepten“ konsumiert werden kann. Daher ist das Erlernen der Führungsaufgabe auch keine Sache einer einmaligen Ausbildung. Diese könnte, in den einzelnen Berufssparten qualifizierter eingebracht, sicher nützliche Grundlagen liefern. Gerade weil Führung aber keine technische Disziplin ist, sondern außerordentlich stark von Gefühlsdimensionen bestimmt und gestaltet wird, muss sie Gegenstand des dauernden Trainings, des permanenten Lernens, der ständigen Überprüfung und Reflexion sein, wenn sie erfolgreich, partnerschaftlich, würdevoll und dennoch kreativ und leistungsorientiert wirken soll.

# SYSTEMATIK DER FÜHRUNG

Womit haben wir es eigentlich zu tun? Gibt es eine Systematik der Führungslehre? Versuchen wir uns zunächst eine Übersicht zu verschaffen. Rasch und übersichtlich helfen hier Olfert und Rahn. Sie unterscheiden in ihrer führungsorientierten Betriebswirtschaftslehre nach Instrumenten, Leitung, Prozess und Strategie (Olfert/Rahn, 1992).

Führung und Leitung werden häufig auch synonym verwandt. Führung dürfte jedoch mehr auf personenbezogene und Leitung auf formale Funktionen abzielen: Ich führe einen Menschen zum Erfolg, aber ich leite eine Abteilung. Mit beiden Begriffen und ihrer Praxis wird sich unser Training beschäftigen. Lassen Sie uns aber zunächst der Systematik noch ein wenig folgen, um eine gewisse Ordnung in unser Tun zu bringen.

## Instrumente

Unter dieser Überschrift werden in der Literatur die Führungsstile, Führungstechniken und Führungsmittel behandelt. Olfert und Rahn unterscheiden die Führungsstile nach zwei Kriterien:

- Nach der Orientierung des Vorgesetzten:
  Aufgabenorientierter und personenorientierter Führungsstil. Der erstere legt primär Wert auf hohe Quantität und Qualität der Arbeit und maximalen Einsatz der Arbeitskraft. Der zweite berücksichtigt Bedürfnisse und Erwartungen der Mitarbeiter, behandelt sie gleichberechtigt und unterstützt die Aufgabenerfüllung.
- Nach der Art der Willensbildung:
  Autoritärer, kooperativer, bürokratischer, patriarchalischer und Laisser-faire-Führungsstil.

Bei dem autoritären Stil gestaltet der Vorgesetzte alle betrieblichen Aktivitäten ohne Einbeziehung der Untergebenen. Entscheidungen werden ohne Begründung getroffen. Blinder Gehorsam wird erwartet.

Der kooperative Führungsstil bezieht die Mitarbeiter in Entscheidungsprozesse ein und erwartet sachliche und persönliche Unterstützung. Er wird gemeinhin auch demokratisch und nichtautoritär genannt. Nicht zu verwechseln mit dem pädagogischen Unsinn des antiautoritären Stils. Die komplexe Struktur dieses Stils wird in Deutschland erstmals in einem psycholcgischen Konzept operationalisiert, das heißt in der Form konkreter Verhaltensweisen von Reinhard und Annemarie Tausch unter den Begriffen des sozial-integrativen und kooperativen Führungs- bzw. Erziehungsstils beschrieben (Tausch, 1970).

Der bürokratische Führungsstil behandelt Mitarbeiter als bloße Stellen und Funktionen mit starker menschlicher Distanz. Anordnungen und Vorschriften bestimmen – meist schriftlich – die Kommunikation. Informationen fließen nur einseitig und auf formellen Wegen. Der patriarchalische Führungsstil behandelt Mitarbeiter in wohlwollender Abhängigkeit von oben herab und bezeichnet sie gerne als „Kinder". Er wirkt freundlich, entgegenkommend, ist aber gerade deswegen verfänglich und beinhaltet ein herablassendes Menschenbild. Gleichwohl wird seine Selbstherrlichkeit auch heute noch gerne von honorigen Wirtschafts- und Politikführern gegenüber ihren Untergebenen gezeigt.

Der Stil des Laisser-faire lässt dem Individuum ein hohes Maß an Freiheit, Information und Kommunikation. Verantwortung bleibt dem Zufall überlassen. Er wird zunächst von den Betroffenen als angenehm empfunden, endet aber schnell in Chaos, Aggression und Auflösungstendenzen von Gruppen. Er ist daher in hohem Maße destruktiv. Auch dieser Stil, der keiner ist, wurde vom Ehepaar Tausch operationalisiert und ad absurdum geführt.

Die Probleme der mangelnden Durchsetzung der Führungsstil-Lehren in Unterricht und Arbeit liegen in ihrer unzureichenden Operationalisierung. Es werden in der Literatur mehr oder minder nachvollziehbare semantische Verhaltenscluster beschrieben, die eine abstrakte Vorstellung von erwünschten (weil wirksamen) und weniger erwünschten (weil hinderlichen), aber sehr komplexen Verhaltensweisen vermitteln. Die Vorlage eines methodischen, kontrollierten Verhaltensaufbaus, eines Verhaltenssystems zur Umsetzung der Modellvorstellungen von Führungsstilen liegt indes nicht vor. Darum bemüht sich dieses Buch um die systematische Operationalisierung konkreter Verhaltensweisen.

Führungstechniken sind nun im Unterschied zu den Führungsstilen Verfahrensweisen, nach denen für alle Führungskräfte verbindlich geführt wird. Bekannte Führungstechniken sind beispielsweise Management by Exception (selbstständige Entscheidung des Mitarbeiters in einem vorgegebenen Rahmen), Management by Delegation (Kompetenzen und Verantwortung werden auf Mitarbeiter innerhalb definierter Rahmenbedingungen übertragen) und Management by Objectives (Führung auf der Grundlage von vereinbarten oder vorgegebenen Zielen), um nur drei zu nennen.

Wir werden im Training keine neuen Systeminformationen dazu vermitteln, denn sie werden in der Literatur und herkömmlichen Führungsseminaren hinreichend abgedeckt. Aber wir üben Einstellungen und Verhaltensweisen, mit denen wir auch die Aufgaben dieser drei wertvollen Führungstechniken besser und wirkungsvoller gestalten können.

Schließlich gehören zu den Instrumenten auch die Führungsmittel. Das sind die Instrumente, die am Menschen unmittelbar wirken und ihn zum Erfolg bringen. Natürlich kann der Erfolg nur in der Erreichung vorher definierter Ziele bestehen.

Die Führungsmittel können unterteilt werden in vier Bereiche: Information – Kommunikation – Beurteilung – Motivation.

Mit diesen Bereichen ist unser Training inhaltlich zentral beschäftigt, weil darin die Arbeit mit dem Mitarbeiter und seine Führung hautnah erfolgen. Hier treten auch die größten Fehlerquellen und Missverständnisse im gesamten Führungsgeschehen auf, wenn das kostbarste Gut eines Unternehmens – die Kraft der Mitarbeiter – leichtfertig oder unbewusst verspielt wird.

*„Ihr Kapital steckt nicht in den Bilanzen, sondern in den Köpfen Ihrer Mitarbeiter!"* lautet das Motto, das ich dem Training als zentrale Botschaft im Gespräch mit Kunden und Auftraggebern voranstelle. Es ist sozusagen ein Verkaufsslogan, denn auch Trainings müssen hin und wieder verkauft werden. Wir wissen, dass der Mensch sehr stark von der kommunikativen Einbindung abhängig ist und seine Leistung von deren Qualität bestimmt wird. Daher soll unser Training sich auch spezifisch mit dem wirkungsvollen und kontrollierten Umgang der Führungskraft mit anderen Menschen, Mitarbeitern, Kunden, Lieferanten, Öffentlichkeit, Vorgesetzten beschäftigen.

Peter Russell, britischer Physiker, Psychologe und Unternehmensberater, überträgt das Beispiel der Synergie in lebenden Organismen auf Organisationen und sieht in der „gemeinsamen Programmierung" ein Managementprinzip (Russell, 1990, S. 176). In diesem Sinne synergetisch müssen wir auch die moderne corporate identity von Unternehmen und Organisationen verstehen. „Die ganze Frage der Synergie ist grundsätzlich eine Frage der Beziehungsqualität. Was eine gesunde Organisation von einer ungesunden Organisation unterscheidet, ist die Qualität ihrer Beziehungen zwischen den Menschen." (Russell, 1990, S. 186)

## Leitung

Die Begriffe „Führung“ und „Leitung“ werden oft gleichbedeutend benutzt. Wir haben aber auch schon die mehr personenbezogene Führung von der eher sachbezogenen Leitung abgehoben. Es geht beispielsweise um Vorgänge der Unternehmensleitung, Bereichsleitung, Abteilungsleitung, Gruppenleitung. Entsprechend sind die dafür erforderlichen Eigenschaften und Fähigkeiten spezifisch zu definieren. Außerdem ergeben sich besondere, meist formalisierte Entscheidungsaufgaben aus den Funktionen.

Wir werden später noch eine praktische Differenzierung zwischen Führung und Leitung vornehmen. Dennoch werden die Methoden und Inhalte des Trainings auch zur Optimierung der mehr formalisierten Vorgänge der Leitung genutzt werden können, da diese letztendlich von Menschen getragen und gestaltet werden.

## Prozess

Der Prozess der Führung beschreibt den Vorgang, den zeitlichen Ablauf von der Zielsetzung über die Planung und die Durchführung bis hin zur Kontrolle. Die entscheidenden Stufen in diesem Ablauf sind die Formulierung, Vereinbarung und Festlegung von Zielen, sowie die Kontrolle, ob und wie weit die Ziele erreicht oder realisiert wurden.

*Niemand plant das Versagen, aber manchmal versagt die Planung!*

Mit diesem Wortspiel wird die Problematik von Planung karikiert. Da Planung prognostisch in die Zukunft sieht, besteht die Gefahr in der Ungewissheit der Vorausbestimmbarkeit künftiger Ereignisse. Auf jeden Fall wird eine Prognose mit plausiblen, logischen, systematischen und begründeten Aussagen über zukünftige Entwicklungen, Ereignisse und Zustände gestellt. Sodann werden, informationstheoretisch gesprochen, die Soll-Werte festgelegt, die erreicht oder überschritten werden sollen.

Da gibt es Bilanzplanung, Gewinnplanung, Finanzplanung, Budgetplanung, Kostenplanung, Erfolgsplanung, Produktionsplanung, Personalplanung, um nur einige aus den verschiedenen Wirtschaftsbereichen eines Unternehmens zu nennen. Natürlich muss darüber nachgedacht werden, wie die verschiedenen Planungen zu realisieren sind. Das geschieht in der Durchführung. Auf mehreren

Realisierungsebenen (Unternehmensleitung, Bereichs- und Gruppenleitung, Ausführungsebene) wird festgelegt, wie die Planung umgesetzt wird.

Kontrolle ist die laufende Überwachung und abschließende Überprüfung der Arbeitsabläufe, ein Vergleich der Soll- mit den Ist-Werten aus der Planungsphase. Die laufende Zwischenkontrolle ist auch ein Mittel zur Korrektur von Planung und Durchführung.

Da der Mensch, sein Verhalten und seine Kommunikation in diesen Bereichen, vor allem an den Nahtstellen Zielsetzung und Kontrolle gefordert werden, beschäftigen wir uns mit dem Menschen und dem wirkungsvollen Einsatz seiner Kräfte in diesen Führungsbereichen intensiv, da die meisten Fehler im zu sachlichen und manchmal falschen Umgang mit diesen Führungsinstrumenten begangen werden.

## Strategie

Jedes Unternehmen braucht eine Strategie. Die Unternehmensleitung ist gefordert, in gewissen Abständen die langfristige Vorgehensweise zur Lösung der künftigen Aufgaben und möglichen Probleme zu formulieren und regelmäßig zu überprüfen.

Um künftige Vorstellungen und Strategiemodelle zu entwickeln, bedarf es zunächst einer Unternehmensanalyse. Dabei wird das Profil der Stärken und Schwächen eines Unternehmens erarbeitet, um Grundlagen für die strategische Planung von Maßnahmen zur Vermarktung der Stärken und zur Kompensation der Schwachstellen des Unternehmens zu erhalten. Da ein Unternehmen nicht alleine aufgrund seiner inneren Strukturen und Gegebenheiten existiert, sondern von vielerlei Umfeldeinflüssen abhängig ist, gehört eine gründliche Umfeldanalyse stets zwangsläufig zur Unternehmensanalyse.



Für diese Aufgaben habe ich in meiner Beratungspraxis ein umfassendes Instrumentarium mit über 60 komplexen analytischen Fragen zu den einzelnen Unternehmensbereichen, ergänzenden strukturierten Interviews, Polaritätenprofilen und qualitativen Protokoll-Hilfen entwickelt, das im Sinne eines General Survey die systematische Erfassung aller für eine Analyse notwendigen Aspekte eines Unternehmens bietet (Zimmermann, unveröff. Manuskript, 1992). Die Darstellung dieses Instrumentariums würde allerdings den Rahmen dieses Buches sprengen.

Der Vollständigkeit halber müssen noch die arbeitsrechtlichen Führungsmittel sowie die Anreiz- und Steuerungsmittel erwähnt werden, die wir aber im Rahmen dieser Arbeit nicht behandeln. Sie spielen eine wichtige Rolle in der Organisationsberatung. Wir wollen uns hier aber weiter mit den Aufgaben und Problemen der Führung von Menschen beschäftigen.

Man erkennt, dass Führung in vitale Bereiche einer Organisation eingreift. Sie kann daher nicht als seminaristisches Hobby zur Bereicherung der Allgemeinbildung, des guten Benehmens oder als Trickkiste zur Mitarbeitermanipulation, sondern muss als zentrales Arbeitsinventar in allen Geschäftsbereichen, in denen wir erwarten, dass Menschen die Arbeit mit anderen verrichten, benutzt werden.

# Die Grundlagen

## WAS IST TRAINING?

Ausbildung, Bildung, Weiterbildung sind Abschnitte lebenslangen Lernens. Dies wurde in der Geschichte der Psychologie und Pädagogik vielfältig definiert. Die Beschreibungsversuche reichen von geistig-körperlichen Entfaltungsvorgängen, Einpassung in die Forderungen von Situation und Welt, über die Steigerung von Können und Leistung, Erweiterung der Erfahrungen, den Erwerb von Kenntnissen durch wiederholte Einprägung, Vertiefung der Einsicht, bis hin zum Hineinwachsen in die Welt der menschlichen Werte (nach Hehlmann, 1962).

Lerntheorie und Verhaltenspsychologie definieren Lernen als Prozess der zielgerichteten Verhaltensänderung. Ergebnis des Lernens ist hier also immer ein verändertes Verhalten gemäß vorheriger Planung und Zielbestimmung. Künftiges Verhalten soll in gewissem Sinne vorhersagbar werden.

Wissensanreicherung, Bildungsinformation, Kenntniserweiterung, Werteerziehung, kurz alle Formen und Inhalte von Erziehung, Bildung, Ausbildung und Erfahrung werden immer in irgendeiner Weise unser künftiges und weiteres Verhalten in unterschiedlichen Lebenssituationen beeinflussen und verändern. Art, Richtung und Ausprägung dieser Einflüsse sind jedoch individuell und situativ sehr unterschiedlich und meist nicht kontrolliert. Prognosen über die Lerneffekte sind daher sehr schwer, wenn nicht gar unmöglich.



Training ist eine Lernmethode, die alle diese Funktionen ergänzen, nicht etwa ersetzen, jedoch deren Nachteile ausgleichen kann, wenn es methodisch und didaktisch richtig zubereitet ist. Lernprozesse werden zielgerichtet, bewusst und kontrolliert auf den Aufbau bestimmter konkreter Verhaltensweisen gelenkt, ja es kann sogar mit Mitteln des sehr wirksamen micro-teachings (kontrollierte Behandlung kleinster Verhaltenselemente) erwünschte und optimale Verhaltensweisen regelrecht „einschleifen“. Dies gilt zunächst für das Initial-Training, also den Beginn von Trainingsmaßnahmen. Im Verlauf kann Training dann einen Verhalten stabilisierenden, perfektionierenden und differenzierenden Effekt haben.

Damit dient Training dem Aufbau und der Verfeinerung bestimmter Verhaltensweisen zur Bewältigung in bestimmten umschriebenen Leistungssituationen. Es ist somit eine systematische Maßnahme, die permanentes und beiläufiges (latentes) Lernen ergänzt und sollte regelmäßig dort stattfinden, wo Professionalität gefordert ist. Es ist auch eine Methode zur Erhaltung, Optimierung und Abrundung von Lernprozessen. Die Methode ist bekannt im Leistungssport und dürfte dort am weitesten ausgebildet sein.

Training ist in höchstem Maße motivierend und erfüllt damit am ehesten die Anforderungen an effektive Lehrmethoden. Die Gründe liegen in der aktiven Gestaltung und Einbeziehung der Lernenden. Rezeptives Lernen – noch immer ein Merkmal schulischen und universitären Lernens – findet so gut wie überhaupt nicht oder nur zur Vorbereitung der Verhaltensänderung statt.

Lernen findet immer in der Gegenwart und für die Zukunft statt. Daher würde es auch wenig nutzen, sich gerade im Training mit Vergangenheit und Ursachenforschung zu beschäftigen, da es um die Ausbildung künftiger Verhaltensweisen geht. Ursachenanalyse ist dagegen erkenntnisleitend in dafür vorgesehenen Seminaren oder psychoanalytischen Lernprozessen. Lernen im Sinne von Verhaltensänderung kann immer nur jetzt, im Augenblick, in aufeinander folgenden Schritten in die nächste Zukunft stattfinden. Durchschlagend ist der Lernerfolg, wenn die einzelnen Schritte regelmäßig und häufig in der Praxis Bestätigung finden. Dann folgen die Schritte der fortlaufenden Verbesserung des Verhaltens durch regelmäßiges Training. Darum gilt für unsere Trainings auch immer wieder der Leitsatz: *Zukunft hat Vorrang vor Vergangenheit.*

Der Lernende handelt mit seiner Persönlichkeit und seinen bisherigen Erfahrungen in kontrollierten Situationen und Umgebungen unter kontrollierten Methoden auf kontrollierte Ziele hin. Durch den Charakter der mentalen und emotionalen Vorbereitungen, Simulationen, Rollenspiele und Einbindung wahrhaftiger Praxissituationen wird ein System aktiven Lernens durch eigenes Tun vermittelt. Man begibt sich damit auf den Weg des lebendigen Lernens (living learning).

# WARUM TRAINING?

Nehmen wir einen Lebensbereich, in dem Training traditionell groß geschrieben wird: den Sport. Die 200 besten Tennisspieler der Welt können gewiss schon exzeptionell Tennis spielen. Sonst gehörten sie nicht in die Weltrangliste. Um dahin zu kommen, bedurfte es neben einem gewissen Talent und dem Erlernen von Techniken aber vor allem des dauernden, täglich mehrstündigen Trainings. Bestimmte, für den Erfolg und die Spielstärke förderliche Verhaltensweisen müssen zur Leistungsmaximierung immer wieder methodisch kontrolliert praktiziert werden. Man denke nur daran, wie oft Profis täglich den Aufschlag üben, den sie doch schon überdurchschnittlich gut beherrschen.

Bei anderen Sportarten ist das nicht anders. Nehmen Sie den spektakulären Fußball. Da üben Top-Stars täglich viele Stunden Techniken, Situationen, Taktiken und Strategien um das runde Leder. Das lässt sich für alle anderen Sportarten diskutieren. Profis trainieren hart und regelmäßig, um an Spitzenleistungen heranzukommen, diese zu erhalten, zu verfeinern und zu verbessern.

Der Umgang mit Menschen verdient aber mindestens die gleiche Professionalität wie der mit dem gelben Filzball, dem runden Leder, dem getunten Rennwagen oder anderen Sportgeräten. Nein, regelmäßiges, professionelles Training für Menschen, die andere führen, ist ungleich wichtiger als für den Umgang mit Sportgeräten. Fehler am Menschen sind problematischer als Fehler an irgendeinem Gerät, an den Gefühlen eines Massenpublikums oder einer Fan-Gemeinschaft. Nur zu leicht können durch unbedachte Handlungen Schäden an der Persönlichkeit eines Menschen herbeigeführt werden. Also gilt für uns der Leitsatz:



*Führungs-Profis trainieren ihr Verhalten regelmäßig.*

Mitarbeiter als unser höchstes Gut haben Spitzenkönner als Führungskräfte verdient. Viel Schaden wird jedoch durch unüberlegten und unkontrollierten Umgang mit Menschen angerichtet. Daher ist es ein weiteres Ziel unseres Trainings, uns auf bewusstes und kontrolliertes Verhalten vorzubereiten. Schließlich geht es noch darum, ungeübte, vielleicht ungeschickte Fähigkeiten zu üben und zu perfektionieren, um die gewollte Wirkung auch zu erzielen. Allein durch zwar wohlgemeinte, aber ungeschickte Reaktionen geht viel Gutes unter Menschen entzwei. Zwei Basisübungen sollen diese Überlegungen veranschaulichen.

### Basisübung: Ihre Unterschrift

**(rechte Hand/linke Hand)**

Nehmen Sie sich bitte ein Blatt Papier und ein Ihnen gewohntes Schreibgerät vor und vollziehen Sie darauf Ihre Unterschrift, so, wie Sie sie täglich mehrmals auf Schecks, Überweisungen, Aktennotizen, Briefen, Dokumenten üblicherweise niederlegen.
Vielleicht fragen Sie sich: „Was soll der Quatsch? Was hat das mit Führung zu tun? Habe ich das als qualifizierter Mitarbeiter eines erfolgreichen Unternehmens nötig, meine Unterschrift als angeblich wichtige Übung auf ein Stück Papier zu setzen?"
Haben Sie bitte noch ein wenig Geduld!
Bitte das Gleiche noch einmal: Jetzt nehmen Sie Ihren Stift einmal in die andere Hand und setzen damit Ihre Unterschrift unter die erste.

Sicher spüren und sehen Sie Unterschiede zwischen beiden Verrichtungen und Bildern. Warum? Ist die andere Hand weniger intelligent als die üblicherweise zur Unterschrift benutzte? Nein, sie ist nur weniger geübt, weniger trainiert! Die übliche Hand ist durch regelmäßig gleiche Handlungen professioneller in der Herstellung der Unterschrift trainiert. Dazu passt ja auch die alte Weisheit „Übung macht den Meister". Und Übung ist Training.

Und lassen Sie uns eine weitere Übung zur Frage: „Warum Training für Führungskräfte?" durchführen. Sie schauen sicher auch täglich mehrmals auf Ihre Uhr. Vielleicht 10-mal. Es gibt Menschen, die tun das täglich 50-, 80-mal. Das wäre im Jahr bis zu 29 200-mal auf die Uhr gesehen!



### Basisübung: Uhr zeichnen

Stellen Sie sich Ihre Uhr, die Sie täglich benutzen, intensiv vor, ohne jetzt darauf zu schauen. Nehmen Sie die Rückseite Ihres Unterschriftenblattes und versuchen Sie, Ihre Uhr möglichst genau aus dem Gedächtnis zu zeichnen. Wenn Sie fertig sind, vergleichen Sie Zeichnung und Realität miteinander. Streichen Sie an oder kreisen Sie ein, wo deutliche Abweichungen von der Wirklichkeit Ihrer Uhr bestehen.

Was lernen wir aus dieser Übung? Es ist doch erstaunlich, wie wenig man sich an wichtige Details erinnert, obwohl man doch routinemäßig sehr häufig darauf schaut.

Sie können noch einen anderen Alltagstest machen. Fragen Sie einmal Menschen, die gerade auf eine Uhr geschaut haben, um die Zeit abzulesen, spontan: „Wie spät ist es?" Über die Hälfte der Befragten dürfte im selben Augenblick noch einmal auf die Uhr sehen, um Ihnen dann erst korrekt die Zeit sagen zu können. Das liegt daran, dass wir sehr oft routinemäßig und unbewusst zur Uhr schauen, ohne das Ergebnis der Betrachtung bewusst werden zu lassen. Erst auf eine Frage müssen wir bewusst reagieren, weil wir über einen Denkakt eine sprachlich formulierte Antwort geben wollen.

Aber auch psychosoziale Erklärungen lassen uns diese Phänomene verstehen. Sie hängen einmal von unserer selektiven Wahrnehmung ab: Wir haben gelernt, die Uhr nicht jedes Mal genau zu beobachten, sondern nur das zu registrieren, was wichtig ist, nämlich, die Zeit abzulesen. Alle anderen Details, die wir optisch wahrnehmen, schalten wir durch selektive Wahrnehmung aus. So ist das auch in sozialen Zusammenhängen. Es gibt eine Fülle von Untersuchungen zur sozialen Beeinflussung von scheinbar objektiven Wahrnehmungsvorgängen (social perception). Unbewusste Einstellungen, Vorstellungen, Vorurteile und Meinungen trüben unser vermeintlich objektives Auge und können zu selektiver und verzerrter Wahrnehmung führen. So lässt sich zum Teil auch die Entstehung von Vorurteilen erklären. Das bewegt uns aber auch in der Führung von Menschen. Was ist, wenn wir Fehlurteilen über unsere Mitarbeiter unterliegen? Es gilt also, Wahrnehmungsprozesse durch Training wieder bewusst zu stärken und zu öffnen, vor allem für Routinesituationen.

Wir verrichten im Tagesablauf beruflich und privat viele geübte Handlungen unbewusst, wie den Blick auf die Uhr. Das ist in vielen Situationen auch wichtig und ökonomisch für unseren Kräfte- und Konzentrationshaushalt. Ein Beispiel ist das Autofahren. Wir wären nach einer Fahrt von 100 bis 200 km erschöpft und erschlagen, wenn wir jeden Schalt- und Bremsvorgang immer mit bewusster Überlegung ausführen wollten. Hier, wie auch bei anderen Prozessen der Maschinenbedienung, ist Routine hilfreich und ökonomisch für die Erbringung von Leistung.

Gefährlich wird Routine aber im Umgang mit Menschen, erst recht bei Führungsaufgaben. Hier ist Training notwendig, um unbewusstes Tun wieder bewusst zu gestalten, zu analysieren, was in den jeweiligen Situationen geschieht. Andere praktische Methoden sind Supervision und Coaching.

Wir können also festhalten:

- Wir müssen permanent trainieren, um bewusst zu führen.
- Routine ist der Feind kreativer Führung.

## ALLES HAT MINDESTENS ZWEI SEITEN

Wie wichtig die bewusste Gestaltung von Führungssituationen ist und wie wenig man der Spontaneität des Einfalls und der Situation überlassen sollte, zeigt eindrucksvoll ein Experiment, das wir der klassischen Wahrnehmungspsychologie entnehmen. Sie haben sicher schon in irgendeinem Zusammenhang das zuerst in der Psychologie zur Demonstration von Wahrnehmungstäuschungen und dann sogar als Eignungstest bei der Rekrutierung der US-Army benutzte Bild einer alten und jungen Frau gesehen. Es handelt sich um eine so genannte Kippfigur. Versuchen Sie, das Bild aus verschiedenen Richtungen und auf verschiedene Bildbereiche zu fixieren. Dann wird es Ihnen gelingen, wechselweise eine alte (eine Art Zigeunerin oder Hexe) und eine junge Frau zu sehen.

So wenig können wir unserem doch so objektiven Auge trauen! Es täuscht uns schon bei einer so einfachen Wahrnehmungsübung, indem es uns wechselnd zwei Bilder liefert. Es handelt sich um eine regelrechte Täuschung der Wahrnehmung. Spielen Sie ruhig damit, wann immer sich Gelegenheiten bieten. Übertragen Sie die Erkenntnisse aber auch auf die Begegnung mit Menschen. Wie häufig wird uns die Wahrnehmung in solch komplexen sozialen Situationen einen Streich spielen? Wie oft werden wir zu falschen Reaktionen aufgrund von Wahrnehmungstäuschungen verleitet?

Das ist ein weiterer Hinweis auf die Notwendigkeit, bewusst Methoden einzuüben, die diese Gefahren mindern, auch darum also Training.

## Abb. 1 Junge Frau/alte Frau

*Alles hat immer zwei Seiten: Welches Bild sehen Sie? Versuchen Sie das Bild aus verschiedenen Richtungen und auf verschiedene Bildbereiche zu fixieren.*

# ZIELFORMULIERUNG

Alle Führungskräfte antworten auf die Fragen: „Müssen Sie regelmäßig Ziele für Ihre Arbeit formulieren?“ und „Sind Ziele für Ihre Arbeit wichtig?“ mit einem klaren „Ja!“. „Verfolgen Sie jeden Tag irgendwelche Ziele?“ „Aber natürlich, das müssen wir ja!“, kommt es im Brustton der Überzeugung. „Formulieren und fixieren Sie diese auch regelmäßig?“ Darauf reduziert sich die Zustimmung bereits merklich. Teils bleiben fragende Gesichter. Ein Mutiger sagt schon mal: „Dazu haben wir keine Zeit.“ „Treffen Sie über die Zielformulierung auch mit Ihren Mitarbeitern klare Vereinbarungen?“ Jetzt werden die Zustimmungen noch geringer. Gelegentlich kommt die Rückfrage „Meinen Sie schriftlich? Dazu habe ich keine Zeit.“

Woran liegt das? Warum ist das so? Die Antwort hat zwei Aspekte. Jeder von uns geht zum Zeitpunkt irgendeiner Haltung doch von unterschiedlichen Standorten aus, benutzt unterschiedliche Mittel und Wege zur Zielerreichung. Wenn wir aber nicht genau wissen, wo wir gerade stehen, dürfen wir uns auch nicht wundern, dass wir ganz woanders ankommen, als wir vielleicht global gedacht haben.

*Man muss den gegenwärtigen Standort kennen, wenn man Ziele bestimmen will.*

Die andere Seite der Zielformulierungsproblematik lässt sich mit einer kurzen Übung beleuchten. Sie wirkt sich in einer Lerngruppe durchaus widersprüchlich aus.



**Basisübung: Zielformulierung**

Welche der drei willkürlich gewählten Zielformulierungen ist für Sie die beste?

a) Wir müssen in diesem Jahr den Umsatz erhöhen.
b) Wir streben zwei Prozent Kostensenkung an.
c) Als Stressausgleich benötigen wir mehr Freizeit.

Versuchen Sie Ihre Position zu begründen.

Natürlich wollen viele Führungskräfte mehr Umsatz. Und gestresste Manager haben mehr Freizeit verdient! Die beste Zielformulierung kann allerdings nur b) „Zwei Prozent Kostensenkung“ sein, weil es die einzig konkrete, nachvollziehbare ist. Das ist die Schwäche vieler Zielformulierungen in der Praxis. Sie sind vage und ungenau. Daher kann sich keiner daran halten und keiner kann sie erreichen.

*Wenn wir nicht wissen, wohin wir wollen, dürfen wir uns nicht wundern, dass wir nirgends ankommen!*

In Unternehmen und Organisationen erleben wir immer wieder Situationen, in denen Ziele nicht konkret und präzise genug formuliert sind. Damit ist der Misserfolg schon vorprogrammiert. Wir können nur dann überhaupt Leistungen und Leistungsverhalten erwarten, wenn die Zieldefinitionen konkret, nachvollziehbar, mess- und kontrollierbar sind.

Das gilt natürlich auch für die Ausführung Ihres Selbsttrainings. Überfliegen Sie die einzelnen Kapitel und legen dann das Buch weg, dürfen Sie sich über Misserfolg nicht wundern. Es wird keine Verhaltensänderung geben. Beschäftigen Sie sich aber konkret mit den einzelnen Übungen, probieren diese in der Praxis aus, setzen wieder und wieder neu in dem Bemühen an, die einzelnen Schritte bewusst zu perfektionieren, dann werden Sie konkrete Veränderungen spüren. Daher haben wir komplexes Verhalten durch die einzelnen Übungen auch in kleine Schritte und Phasen zerlegt, die sukzessiv aufeinander folgen, um schrittweise konkrete Ziele zu verfolgen und zu realisieren.

Setzen Sie sich daher auch für jede Übung mit den Führungsmitteln konkrete Ziele in bestimmter Zeit. Passen Sie das Training an Ihren persönlichen Aufgaben- und Arbeitsrhythmus an. Weniger Stoff ist hier mehr Effekt. Entscheiden Sie sich lieber zunächst nur für eine Übung pro Woche oder für zwei Wochen. Praktizieren Sie in einem Zeitabschnitt immer nur eine Gesprächsmethode, bis Sie erste Bestätigungen durch Ihr Vorgehen im praktischen Umgang mit Mitarbeitern spüren. Dann erarbeiten Sie sich die nächste Methode nach dem persönlichen Lerntempo und Zeitrahmen. Gehen Sie mit sich selbst aber eine klare Selbstverpflichtung ein, vielleicht sogar schriftlich fixiert neben oder vor den Schreibtisch gehängt! Legen Sie sich selbst zu konkreten Übungshandlungen fest, etwa:

„Ich werde mich in dieser Woche dreimal täglich fragen: *Warum* freue ich mich?“

„Ich werde in dieser Woche bei jeder Mitarbeiterbegegnung ein kurzes Motivationsgespräch führen.“
„In den nächsten zwei Wochen werde ich täglich ein Mitarbeiterförderungsgespräch führen.“
„Bei der nächsten Besprechung mit meinem Chef werde ich die ‚Verhandlungstechnik‘ anwenden.“

Da die Methoden nicht theoretisch erörtert werden, sondern konkrete Verhaltensweisen beschreiben, gelingt die Umsetzung in der Regel sehr schnell. Natürlich leiten wir für jede Methode auch Begründungen ab. Kommentare, Beschreibungen und Darstellungen der Kerngedanken sollen dem besseren Verständnis dienen. Gehen Sie schrittweise, aber konsequent vor, dann werden Sie die progressive Wirkungssteigerung des Trainings selbst erleben. Hier gilt natürlich eine wichtige Grundregel, wie auch sonst im Leben: *Erfolg ist freiwillig!*

**Strategiekarte** **Grundsätze**

Zukunft hat Vorrang vor Vergangenheit.
Profis trainieren regelmäßig, um bewusst zu führen.
Routine ist der Feind kreativer Führung.
Man muss wissen, wo man gerade steht, um ein Ziel zu bestimmen.
Zielformulierungen müssen konkret messbar und kontrollierbar sein.

**Erfolg ist freiwillig!**

# Kompetenzen – Aufgaben – Voraussetzungen

## WODURCH WIRD MAN FÜHRUNGSKRAFT?

Grundsätzlich gibt es drei Zugangswege, auf denen man Führungskraft wird:

- Durch Ernennung. Davon betroffen sind die Männer und Frauen der „ersten Stunde“ in Unternehmen und Organisationen. Andere waren vom Dienstalter „an der Reihe“. Man durfte sie nicht übergehen. Nicht wenige genießen die Fortune der Führung aus Gründen der erblichen Monarchie. Den so erworbenen Führungspositionen haftet die Macht der Positionsautorität an. Sie sind primär mit formalen Kompetenzen ausgestattet.
- Durch individuelle Anstrengung. Hier finden sich Menschen aufgrund der fachlichen Qualifikation, des Sachverstandes, der persönlichen Tüchtigkeit. Ihnen wird wegen der fachlichen Autorität auch funktionale Kompetenz zugeschrieben.
- Aufgrund der Persönlichkeit. Faktoren wie menschliche Qualifikation und Integrität, positiver Umgang mit anderen und persönliche Anerkennung spielen hier die entscheidende Rolle. Im Vordergrund steht spürbare natürliche Autorität. Die Führungsrolle wird mit personaler Kompetenz ausgefüllt.



In den Biografien von Führungskräften spielen diese Zugänge jeweils schwerpunktmäßig eine unterschiedliche Rolle. In Behörden und Verwaltungen entscheidet in erster Linie die Ernennung im Rahmen von Laufbahnverordnungen über die Qualifikation als Führungskraft. Entsprechend sind dann auch die Ergebnisse in der Führung.

Erst wenn alle drei Faktoren gleichermaßen stark ausgebildet sind, haben wir eine qualifizierte Führungsautorität. In der Regel ist die fachliche Qualifikation stets sehr entscheidend für die Zuschreibung von Führungsaufgaben. Die oft sehr vernachlässigte menschliche Qualifikation wird gerne als unabänderlicher Zustand hingenommen oder umschrieben. Daran professionell zu arbeiten ist ein zentrales Anliegen unseres Trainings. Das geheimnisumwitterte Charisma einer Führungskraft kann unter bestimmten Voraussetzungen gelernt werden.

# AUFGABEN DER FÜHRUNGSKRAFT

Zu dieser Thematik leite ich in Arbeitsgruppen schon einmal über mit der Frage an die Teilnehmer: „Worin sehen Sie den Unterschied zwischen einem Vorgesetzten und einem Manager?“ Die treffende und brisante Antwort einer Arbeitsgruppe möchte ich hier zitieren:

*„Der Vorgesetzte sorgt dafür, dass alles richtig gemacht wird. Der Manager sorgt dafür, dass das Richtige gemacht wird.“*

Wobei das „Richtige“ im Sinne von Management natürlich immer das Wichtige, das Wesentliche, das Entscheidende ist. Peter F. Drucker, österreichisch-amerikanischer Politikprofessor und bekannter Unternehmensberater, spricht in diesem Zusammenhang von „erstrangigen Dingen“ und formuliert zugespitzt: „Effektive Führungskräfte erledigen erstrangige Dinge zuerst und immer nur eine Sache auf einmal.“ (Drucker, 1967, S. 99)

Er unterscheidet im Prinzip Führungskräfte von anderen Arbeitskräften und Vorgesetzten durch die Kriterien „Entscheidung“ und „Effektivität“. Als Führungskräfte bezeichnet er „jene Denkarbeiter, Manager oder individuell-professionelle Mitarbeiter …, von denen man aufgrund ihrer Stellung oder ihrer Kenntnisse … Entscheidungen erwartet, die bedeutenden Einfluss auf die Erfüllung der Aufgabe und die Resultate des Ganzen haben.“ (Drucker, 1967, S. 13)

Führungskräfte haben daher sehr vielfältige, aufregende und meist wichtige Aufgaben zu erfüllen. Wir unterscheiden allgemeine und spezifische Aufgaben.

## Allgemeine Aufgaben der Führungskräfte

*Verantwortung übernehmen*
Die Verantwortung bezieht sich im Wesentlichen auf die Sicherung der Erträge, Realisierung der Unternehmensziele und das Engagement für das Personal.

*Leistung erbringen*
Hier geht es um die Aufgaben der Qualitätssicherung, Auslastung und Zielerfüllung.

*Zusammenarbeit fördern*
Die Aufgaben bestehen in der Verständigung, kollegialen Unterstützung, dem Suchen nach gemeinsamen Lösungen und der persönlichen Anteilnahme.

Man könnte jetzt kritisch meinen, dass diese allgemeinen Aufgaben nicht unbedingt und ausschließlich Kennzeichen einer Führungskraft sind. Sachbearbeiter tragen auch ein hohes Maß an Verantwortungen. Leistung muss ich auch jeden Tag übernehmen, mag mancher Mitarbeiter auf Ausführungsebene denken. Na ja, und von der Zusammenarbeit lebt auch jedes Büro.

## Spezifische Aufgaben der Führungskräfte

Welche sind also die besonderen, die ganz spezifischen Aufgaben, die eine Führungskraft, einen Manager von allen anderen Berufen und Funktionen unterscheidet?
*Motivation?* – Ein Fußballtrainer muss seine Mannschaft auch motivieren!
*Entscheidungen treffen?* – Die Hausfrau muss das jeden Tag!
*Spezialaufgaben lösen?* – Priester haben enorme Spezialaufgaben!

Peter F. Drucker versucht das Problem in einem Fünf-Punkte-Schema, er nennt es „Verfahrensregeln", zu klären, indem er effektiv arbeitende Führungskräfte wie folgt definiert:



- Sie arbeiten systematisch und ökonomisch in der Zeit.
- Sie konzentrieren sich auf den Beitrag nach außen und sind mehr auf Ergebnisse als auf die Tätigkeit an sich gerichtet.
- Sie stützen sich auf die positiven Kräfte und nutzen Möglichkeiten und Chancen.
- Sie konzentrieren sich auf wenige wichtige Gebiete und setzen Prioritäten.
- Sie treffen effektive Entscheidungen. (Drucker, 1967, S. 27)

Das hilft uns schon ein Stück weiter. Wir suchen aber die ganz spezifische Aufgabe einer Führungskraft! Dazu müssen wir kurz die Unternehmensgeschichte bemühen. Von den zehn noch im Jahre 1955 in Deutschland führenden Firmen hat heute nicht einmal mehr die Hälfte diese Position inne! Die meisten sind weg vom Fenster. Viele sind ganz vom Markt verschwunden.

Ein anderes Beispiel: Die Schweizer Uhrenindustrie, weltweit führend vor und nach dem Krieg. Man hat jahrzehntelang von der Tradition der Handwerkskunst gelebt, bis die Japaner gezeigt haben, wie man Uhren baut. Nur immensen Marketing-Anstrengungen und grundlegenden Veränderungen ist es zu verdanken, dass die Schweizer Uhr ihre Weltposition wieder behaupten kann. Die deutsche Kamera-Industrie war vor und nach dem Krieg weltweit Nummer eins an Präzision und Image. Praktisch gibt es sie heute nicht mehr. Und daran sind nicht nur die lohn- und kostenpolitischen Standortnachteile schuld, wie die Verantwortlichen glauben machen wollen. Das sind vielmehr Folgen von verschlafener Ein- und Umstellung auf künftige Entwicklungen und Veränderungen.

Die Traditionsmarke AEG lebte zu lange mit wasserköpfiger Hypertrophie nur von guter Erfahrung und Tradition, bis der Markt zum Überholen ansetzte und gewann.

Gibt es nicht zu denken, dass eine erfolgreiche Siemens AG ca. 50 Prozent ihres Geschäfts mit Produkten einfährt, die nicht älter als fünf Jahre sind, also aus jungen Entwicklungen und schneller Veränderung entstehen?

Der Schlüsselbegriff heißt „Veränderung“!

Manager, Führungskräfte sind grundsätzlich dazu da, Neues in Bewegung zu setzen. Sie dürfen nicht am Alten kleben, müssen gerade in „guten“ Zeiten neue Wege suchen, Märkte erschließen, neue Kunden, neue Mitarbeiter … Und das wird meistens vergessen, solange es den Menschen und Betrieben gut geht.

Die spezifische Aufgabe von Führungskräften ist es also, Veränderungen zu planen und auszulösen:

*Führungskräfte leben von und für Veränderung!*



Und das ist absolut nicht selbstverständlich. Das „von“ bezieht sich auf die Vergangenheit, das sind unsere Erfahrungen, die wir in unser aktuelles Handeln einbeziehen. Das „für“ zielt in die Zukunft und was wir daraus machen.

Würden Politik und Wirtschaft nach dieser Philosophie leben und führen, gäbe es so manches überraschende Desaster gar nicht. Aber das hat etwas mit Politik- und Wirtschaftskultur zu tun. Und davon sind viele Verantwortliche und Funktionäre mit unverbesserlichem Drang zur Befriedigung egoistischer Bedürfnisse, augenfälliger Großmannssucht, narzisstischer Persönlichkeitskulte, Erhaltung von Erbhöfen, dem Kleben an Hergebrachtem weit entfernt. Es scheint fast ein Naturgesetz zu sein: Je mehr Macht und Position Top-Führungskräfte anhäufen, desto rigider wird ihr Verhalten.

Wir sind dazu da, Neues in Bewegung zu setzen, nicht am Alten zu kleben. Neue Märkte zu erschließen, solange die eingeschlagenen Wege noch bestens funktionieren, das ist die vornehmste Führungsaufgabe. Nicht erst, wenn es zu spät ist. Unsere in 40 Jahren fett und satt gewordene Automobilindustrie liefert gute Beispiele für gravierende Versäumnisse ihrer Top-Führungsriege. Die alles entscheidende Frage ist doch: Sage ich als Führungskraft „Ja" zur Philosophie der Veränderung oder sträube ich mich dagegen? Und wir haben dazu drei Möglichkeiten:

- Wir können im Sinne von Veränderung regelmäßig agieren – dann haben wir die Nase vorne, immer im Wind, sind sozusagen auf der Überholspur und wirken aktiv verändernd auf den Markt.
- Wir können auch auf die Veränderungen des Marktes reagieren – solange es noch nicht zu spät ist. Nur denken Sie immer daran: Wir hinken immer ein wenig hinterher. Und Ihr Wettbewerb hat auch gute Ideen!
- Schließlich können wir noch ignorieren. Viele Unternehmer, Politiker und Führungskräfte tun das. Aber das dürfte für uns nicht infrage kommen.

Übrigens, die Überlegungen dieses Abschnitts sind auch wichtig für unser Selbsttraining. Es kommt nicht darauf an, in den nächsten Tagen der Arbeit mit dem Buch zu sagen: „Oh je, jetzt habe ich dieses und jenes wieder nicht beachtet oder angewandt, was ich aus dem Training probieren wollte." Nein, es geht darum, sich zu sagen: „Das habe ich jetzt ganz bewusst so gemacht oder beobachtet, es ging ganz gut. So mach ich das wieder, in ähnlicher Weise. Ich probier das einfach wieder aus." Schädlich sind die Gedanken: „Das ging wieder nicht." Wir müssen uns immer wieder beim Training fragen: „Was muss ich noch anders tun? Wie kann es noch gehen?"

So schwer eingefahrenes Verhalten bei Erwachsenen zu ändern ist – es geht darum, bewusste Selbstbeobachtung zu betreiben, festzustellen, was gelungen ist, wo ein guter Ansatz war und die dargestellten Methoden schrittweise zu erproben, sie zu erobern.

Dazu müssen viele Menschen ihre negative Programmierung zweifellos umkehren. Wir müssen uns gratulieren, wenn uns bewusst etwas im Umgang mit Mitarbeitern auffällt, auch wenn es zunächst kein Erfolg war. Analysieren, überlegen: „Wie kann es anders gehen?" ist die Devise. So lernen wir mit der instrumentierten Kraft des positiven Denkens von und für Veränderung zu leben.

Im Gruppentraining sage ich den Teilnehmern zur Einführung von einzelnen Übungen: „Wenn einer von Ihnen hier im Rollenspiel, in der Simulation, Arbeitsgruppe oder Diskussion etwas tut oder sich präsentiert, dann geht es nicht um ‚richtig‘ oder ‚falsch‘, ‚erfolgreich‘ oder ‚nicht erfolgreich‘. Sondern es geht darum, ob er es überhaupt macht, denn das ist nicht leicht in einer fremden Gruppe, erst recht nicht mit Kollegen."

Genau dieses Verhalten brauchen wir in der kreativen Führung: machen, tun, ausprobieren. Wir leben von und für Veränderung. Ja sagen zur Veränderung heißt natürlich bei mir selbst beginnen, nicht beim Mitarbeiter. Dann können wir auch bei ihm glaubhaft Verhaltensänderung bewirken. Leben ist permanentes Lernen. Und das wird hier operationalisiert und instrumentalisiert.

## PERSÖNLICHE VORAUSSETZUNGEN

Es gibt gewiss eine Fülle von Persönlichkeitstypologien des Führers, dass man eigentlich zu diesem Thema kein Wort mehr verlieren dürfte. Jedoch ist die Literatur nicht befriedigend für den, der für sein Verhalten eine konkrete Hilfe sucht.

Neben der oben beschriebenen Dimension der Veränderung wollen wir vier persönliche Voraussetzungen besprechen und üben, die uns helfen, kreative Führung zu realisieren. Es ist wichtig, dass wir uns die in diesem Abschnitt behandelten Einstellungen und Verhaltensweisen bewusst machen und sie intensiv üben, da das Voraussetzungen sind, mit denen die strukturierten Methoden erst wirksam werden können. Einiges Material ist zu diesem Themenkreis auch in populärwissenschaftlicher, aber dennoch nicht falscher Art den Publikationen von Dale Carnegie, etwa „Wie man Freunde gewinnt" oder „Sorge dich nicht – lebe!" zu entnehmen. Des Autors Aphorismen zur Lebensweise, frei nach Schopenhauer, haben auch nur dann positive Effekte, wenn sie ausprobiert, angewandt und gelebt werden.

Uns geht es um so persönliche Voraussetzungen wie Anteil nehmen – auf der Überholspur bleiben – positiver Einstieg – warum freue ich mich? – blamiere dich täglich!

## Anteil nehmen

Die ausgeklügeltesten Systeme von Ablauforganisation, Prozessoptimierung, Informations- und Berichtswesen, Mitbestimmung haben begrenzte Wirkung, wenn das Personal sie nicht mit innerer Einstellung trägt. Damit lässt sich auch erklären, warum viele klassische Führungskonzepte und Managementmodelle (zum Beispiel das Führungskonzept des berühmten „Harzburger Modells“) langfristig vergeblich nach Wirkung suchten: Der arbeitende Mensch wurde nicht als Person, als Subjekt mit einer Vielzahl von Bedürfnissen und Gefühlen gesehen, sondern als funktionales Objekt des technokratischen und kaufmännischen Managements.

Menschen suchen Halt, Anlehnung, auch bei der Arbeit. Mitarbeiter wollen einen Chef, der sich ihrer annimmt, für sie da ist. Sie wollen zu ihm aufschauen, ihn auch irgendwo bewundern. Jedenfalls suchen sie Nähe und eine positive Beziehung. Psychotricks und -techniken sind dazu aber untaugliche Mittel.

Diese Bedürfnisse können am ehesten mit dem Mittel der Anteilnahme erfüllt werden. Wir wollen darüber nicht lange philosophieren, sondern mit konkreten Übungen auf unser Verhalten einwirken, um Anteilnahme zu praktizieren.

Zunächst eine kurze, aber wirkungsvolle Basisübung (siehe unten).

Die Übung kann man praktisch überall durchführen, um sich zu trainieren, denn es dürfte allen Menschen, denen wir begegnen, mit denen wir leben, arbeiten und die Freizeit verbringen, gut tun, bewusst und konkret positive Dinge zu hören. Das ist schwer, gewiss. Aber wie gut ist es, wenn man es tut und zurückbekommt! Probieren Sie es einfach. Mit dieser Übung können Sie nichts falsch

**Basisübung: Positive Merkmale**

Sagen Sie einem Gesprächspartner fünf positive Merkmale, die Ihnen an ihm gut gefallen, mit den Worten:

„Herr/Frau ..., mir gefällt gut an Ihnen ...“

Das können zunächst Äußerlichkeiten sein. Suchen Sie aber auch nach von Ihnen erlebten „inneren“ Werten und Eigenschaften.

Bitten Sie dann den Gesprächspartner, das Gleiche auch umgekehrt Ihnen gegenüber zu tun.

machen, vorausgesetzt, Sie meinen die Inhalte auch so. Sprechen Sie nicht nur mit Mitarbeitern, nutzen Sie die Kontakte mit dem Nachbarn, dem Kaufmann, der Zeitungsfrau. Probieren Sie die Methode mal bei Ehepartner, Freundin, Freund oder auch bei Ihren Kindern. Sie werden sich wundern!

Vielleicht wollen Sie die Umkehrübung zunächst noch nicht und vor allem noch nicht von Mitarbeitern verlangen. Im Kreise der Familie kann man ein neues Gesellschaftsspiel daraus kreieren. Das Spiel, die Übung sind überall dort von besonderem Vorteil, wo Umgangsroutine die Oberhand bekommen hat. Mit einigem Zutrauen und positiven Erfahrungen im Umgang mit der Methode werden Sie aber auch erleben, wie sich die Kommunikation im Hause verbessert, wenn sie die Übung im Mitarbeiterkreis umkehren.

Projekte, Messen, Besprechungen, Konferenzen, Audits und andere Zusammenkünfte können mit dieser Übung in wenigen Minuten eine sehr positive und konstruktive Einleitung erfahren. Die Übung ist wichtig für alle Gespräche, auch und gerade im Privatleben, wo Routine frühere Höflichkeiten vergessen machte. Eltern und Lehrer sollten ihre Kommunikation mit ihren Kindern und Jugendlichen damit würzen.

Wissenschaftlich wird dieser Übungsbereich unter der Persönlichkeitsdimension „Empathie“ abgehandelt. Die Wirkung liegt in der Funktion des Unbewussten und der Gefühlswelt. Die Übung operationalisiert und instrumentalisiert diese Hintergründe zu bewusstem Tun.

Peter Russell beschreibt Empathie im Rahmen der Diskussion der Beziehungsqualitäten zwischen den Menschen in Organisationen, also auch in Unternehmen, als „echtes Mitgefühl zwischen den Menschen“ und folgert weiter: „Auf dieser Basis kann sich eine Organisation zu einem Organismus entwickeln.“ (Russell, 1990, S. 186)

Empathie im Sinne von *„Anteil nehmen“* können wir mit unserer einfachen Übung leicht operationalisieren, das heißt in konkreten Verhaltensweisen beschreiben und wirkungsvoll umsetzen.

Wir können natürlich auch einmal kurz „testen“, wie es mit den Voraussetzungen zur Anteilnahme am Mitarbeiter bestellt ist. Von Mitarbeitern, mit denen wir oft und gut kooperieren, werden wir viel Persönliches wissen und kennen, vor allem dann, wenn wir mit ihnen auch ein Stück Privatleben (Einladungen, Stammtisch, Verein etc.) pflegen. Es wird uns leicht fallen, zu diesen Mitarbeitern auch positive Einstellungen zu entwickeln.

Was ist schließlich aber mit den Mitarbeitern, zu denen wir solche Beziehungen nicht haben?

**Selbsttest: Anteil nehmen**

Denken Sie bitte intensiv an Ihren qualifiziertesten Mitarbeiter, den Sie schon 2–3 Jahre kennen. Setzen Sie ein „+" vor die Fragen, zu denen Sie etwas wissen und ein „–", wenn Sie nichts dazu wissen. Es geht dabei nicht um die Protokollierung der Inhalte.

... Was war aus seiner Sicht der Höhepunkt seines Lebens?
... Wann hat er Geburtstag?
... Wie alt sind seine Kinder?
... Was waren aus seiner Sicht Tiefpunkte seines Lebens?
... Was macht er vorzugsweise im Urlaub?
... Welchen Wagen fährt er privat?
... Was macht er im Allgemeinen am Wochenende?
... Hat er Hobbys? Welche?
... Wo wohnt er?
... Wo wohnen seine Eltern?
... Was macht(e) sein Vater beruflich?

Sie können die Fragen natürlich auch beliebig durch andere ersetzen und ergänzen. Vielleicht denken Sie, dass einige Fragen sehr persönlich und intim sind. Es geht ja auch nicht um die Antworten, sondern darum, ob wir überhaupt so viel Zugang und Kontakt zu einem unserer besten Mitarbeiter haben, um auch menschlich von unserer Einstellung her irgendwo Anteil nehmen zu können. Und es geht darum, einmal festzustellen, wie schwierig die Anteilnahme bei persönlich entfernteren Mitarbeitern, die nicht zu unseren besten gehören, sein wird. Führen Sie den Selbsttest auch einmal für einen Mitarbeiter durch, mit dem Sie weniger Kontakt haben und mit dessen Leistung Sie nicht so zufrieden sind. Der Vergleich der Ergebnisse wird Ihnen wichtige Erkenntnisse liefern.

## Auf der Überholspur

Sicher denken Sie sofort an folgendes Bild: Autobahn, Verkehr, Drängler, Lichthupe, Aggressionen, Autofahrergruß … Und das wollen wir auf Führungsprogramme übertragen? Nichts von alledem!

Es geht hier vielmehr um eine weitere grundsätzliche persönliche Einstellung im Führungsverhalten. Das Bild von der Autobahn ist grundsätzlich angebracht. Es geht darum, nicht stehen zu bleiben, sich nicht durch rechts fahrende langsamere Brummis aufhalten zu lassen, immer das Ziel vor Augen zu haben und nicht davon abzukommen. Was hilft uns aber, auf der Überholspur zu bleiben?

Nun, es ist die Kraft der grundsätzlich positiven Einstellung, des positiven Denkens als persönliche Eigenschaft. Die gilt es immer wieder bewusst werden zu lassen und bewusst zu trainieren. Gemeint ist übrigens nicht der Drang nach hierarchischem Aufstieg.

Zur Erinnerung hilft vielleicht das folgende Bild.

**Abb. 2 Auf der Überholspur bleiben**

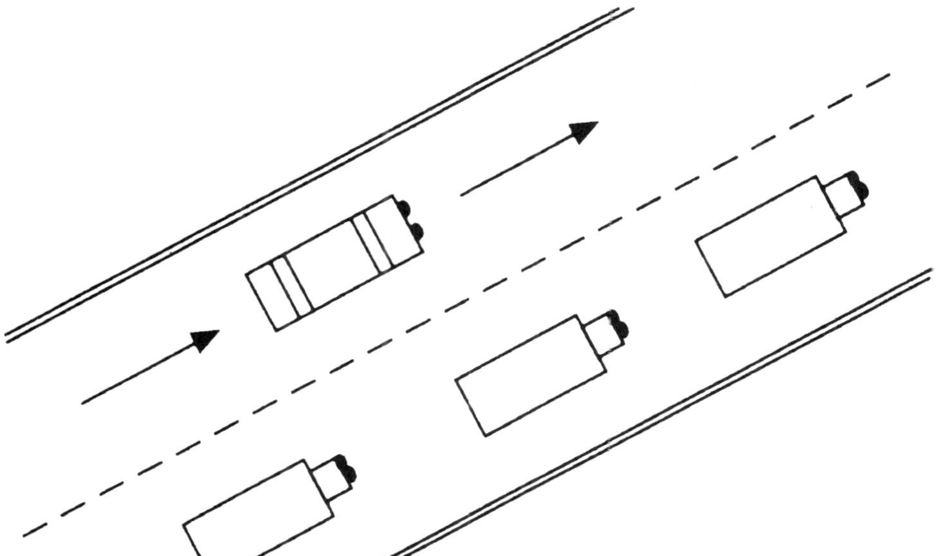

## Positiver Einstieg

Wir können vielfältig erfahren, dass Gespräche, also die verbale Kommunikation zwischen Menschen, ausgesprochen stark emotional getönt und beeinflusst sind. Bevor wir in den Erkenntnissen fortfahren, wollen wir zur Veranschaulichung eine spontane Übung durchführen:

Sie kennen den Begriff „Firmenbilder". Es geht jetzt um zwei Firmenbilder, nennen wir sie A und B. Sie sind in den folgenden Kästen dargestellt. Lesen Sie diese zunächst:

**Basisübung: Firmenbild A**

Die Firma hat mehrere Großkunden von Rang und Namen.
Sie verfügt über viele junge und dynamische Mitarbeiter.
Es herrscht eine menschlich herzliche Atmosphäre.
Die PR-Abteilung leistet Unüberbietbares.

**Basisübung: Firmenbild B**

Es kommen öfter Reklamationen vor.
Viele Mitarbeiter sind fachlich ungenügend qualifiziert.
Zwei Vorgesetzte pflegen mit ihren Sekretärinnen bekanntermaßen nicht nur geschäftliche Beziehungen.
Die Firma war vor 10 Jahren in einen Subventions- und Korruptionsskandal verwickelt, der allerdings totgeschwiegen wurde.



Beantworten Sie bitte nun spontan auf einem separaten Blatt Papier in Stichpunkten die folgenden Fragen dazu.

*Welche Schlussfolgerungen ziehen Sie aus den Firmenbildern?*

*Warum? Notieren Sie auch Ihre Begründungen in Stichpunkten.*

Bearbeiten Sie bitte zunächst diese Fragen ohne weiterzulesen! Blättern Sie erst dann weiter zur nächsten Seite, auf der Sie die Auflösung finden.

## Auflösung Firmenbilder

Welche Schlussfolgerungen haben Sie notiert? Steht bei Ihnen vielleicht auch etwas von zwei Firmen? Dann hätten Sie leider verloren. Es handelt sich jeweils um dasselbe Unternehmen. Wir haben nur von zwei Firmenbildern, A und B, gesprochen. Möglicherweise haben Sie automatisch zwei Firmen gesehen.

Was lernen wir daraus? Jemand redet von zwei Firmenbildern. Unsere Wahrnehmung macht daraus gleich zwei Firmen!

Der Einstieg in Kommunikation, in Gespräche, kann außerordentlich vielschichtiger sein als unsere banale Übung. Umso wichtiger ist ein grundsätzlich positiver Einstieg in jedes Gespräch, damit die Chance besteht, auch die positiven Kräfte im Gesprächspartner freizusetzen. Der positive Einstieg wirkt wie eine positive Programmierung auf unsere Einstellung, um überhaupt eine Chance für positive Ergebnisse zu haben.

## Warum freue ich mich?

Vollziehen wir einen Gedankensprung! Wie wir gesehen haben, gibt es für Führungskräfte viele wichtige Fragen. Wir wollen Ihren vielen wichtigen Fragen noch eine weitere hinzufügen, die vielleicht wichtigste überhaut:

*Warum freue ich mich?*

Die Frage leitet bewusst nicht mit dem Fragepronomen „worauf?“ ein, sondern ungewöhnlicherweise mit „warum?“. Wo liegt der Unterschied? Worin besteht die Wirkung?

Auf den Feierabend, den Urlaub, das Vereinstreffen, das Rendezvous, kann sich jeder freuen. Sich also *auf* etwas freuen, das ist weniger ein Problem. Aber die schwierigere Aufgabe zu lösen, einen Grund zur Freude zu finden, wenn er mir gar nicht von alleine zufällt, das ist großartiger und bewegender.

Was ist denn, wenn im Betrieb die Mitarbeiter, der Betriebsrat, die Gewerkschaft, die Kunden nicht so mitspielen, wie erwartet? Was geht in uns vor, wenn ein besonders schwieriges Projekt, in das wir sehr viel Kraft und Engagement gesteckt haben, keine Anerkennung findet oder gar zu scheitern droht? Dann besteht doch die große Kunst darin, dennoch, trotzdem einen Grund zu finden sich zu freuen. Welchen Grund könnte es trotz aller Widerwärtigkeiten geben, sich zu freuen, jetzt, hier und heute?

Das ist die gleiche, wenn auch nicht die trotzig-aufbegehrende Haltung, die wir im Werk von Albert Camus, beispielsweise in dem Roman „Die Pest“, angesichts der Erkenntnis des Absurden finden. Während die meisten Philosophen des Existenzialismus, wie zum Beispiel Kierkegaard durch schonungslosen Wahrheitsdrang ihren Anhängern Anlass zu Depressionen geben, zeigt uns Camus das hoffnungsvolle „dennoch, trotzdem“ als die eigentliche Sinngebung des sonst so absurden Lebens.

Also, nach diesem kurzen Exkurs halten wir fest: Freude fliegt uns nicht immer von alleine und einfach so zu. Aber es lohnt sich, mit Kraft danach zu suchen. Es erfordert Psycho-Technik und Anstrengung, in schwierigen Situationen die Kraft der Freude zu empfangen. Aber Freude versetzt bekanntlich Berge.

Fangen wir gleich mit einer Übung dazu an:

**Basisübung: Warum freue ich mich?**

Schreiben Sie bitte jetzt zwei Gründe auf, warum Sie sich jetzt und hier freuen könnten.
Zwei wirkliche Gründe. Man sollte Sie Ihrem Gesicht ansehen können.
Sie sollten dabei strahlen können.
Führen Sie die Übung wenigstens dreimal täglich durch!

Das ist übrigens wie bei allen psychologischen und psychotherapeutischen Methoden: Sie funktionieren nur dann, wenn wir sie auch vorbehaltlos und konsequent zulassen. Ein Paradebeispiel ist das Gebiet des vielen Menschen heute bekannten autogenen Trainings. Die dort freigesetzten Mechanismen der Entspannung und Beeinflussung von Körpervorgängen wirken, wenn wir das auch innerlich wollen. Ähnlich verhält es sich mit der Hypnose. Mit kritisch-ablehnender Haltung stellt sich keine Entspannung ein und entsteht auch keine Wärmeempfindung. Über starke Vorstellungen, im Volksmund auch „Einbildung“ genannt, werden hingegen physiologische Körperfunktionen kontrollierbar und sogar beeinflussbar.



Wir werden in den folgenden Kapiteln über eine Reihe von Einstellungen und Techniken sprechen und handfeste Methoden üben. Die werden auch nur dann funktionieren, wenn die innere Einstellung stimmt. Das ist das Geheimnis! Darum ist die Übung „Warum freue ich mich?“ so fundamental wichtig. Wenn wir merken, dass wir die Übung nachvollziehen können, kommt es darauf an, sie täglich mehrmals zu praktizieren, am besten dreimal täglich, um gute Gewohnheiten aufzubauen.

Übrigens, es geht nicht um die Stereotypie des amerikanischen „keep smiling“ zu jeder Zeit oder um das deutsche „Honigkuchenpferd“ um jeden Preis. Nein, es geht um den Umgang mit mir selbst, wie ernst ich mich persönlich nehme, um meine Ehrlichkeit, Echtheit der Person, die Einstellung, die ich von innen heraus produzieren will. Daher ist das auch eine ernsthafte Frage an mich selbst: „Warum freue ich mich?“ Mit dieser Frage beeinflusse ich mein aktuelles, situatives und gegenwärtiges Verhalten, denn „warum?“ zielt auf die Gegenwart, die ich damit bewusst verändere. „Worauf?“ würde auf die Zukunft zielen.

Vor einigen Jahren hatte ich dazu ein tolles Erlebnis. Es war auf einem Managementtraining mit Geschäftsführern und Niederlassungsleitern eines großen Bauträgers in herrlicher Seminarumgebung Süddeutschlands. In der Pause, nach Behandlung der Thematik „Warum freue ich mich?“, kam der geschäftsführende Gesellschafter auf mich zu, nahm mich unauffällig beiseite und sagte sinngemäß: „Wissen Sie, Herr Zimmermann, Ihnen glaube ich das ja, diese wichtige Frage. Sie fahren durch Deutschland und machen Ihre Sprüche. Ich aber habe Verantwortung für ein paar tausend Leute, Projekte von einigen Millionen DM. Sie, ich kann doch nicht mit einer so banalen Frage an meine Arbeit gehen. Für mich gilt das nicht. Das wollte ich Ihnen nur sagen, damit Sie verstehen, warum ich vorhin so zurückhaltend war bei den Übungen. Das geht nicht gegen Sie. Alle anderen Themen sind wirklich toll.“

Na ja, können Sie sich meine Stimmung vorstellen? Es ging doch immerhin um die wichtigste Frage überhaupt.

Vier Wochen später trafen wir uns wieder zur Fortsetzung des Intervalltrainings. Da kam der Mann vor Seminarbeginn schon auf mich zu, nahm mich wieder zur Seite – ich ahnte schon Schlimmes – und sagte zu mir: „Herr Zimmermann, fast hätte ich Sie angerufen. Ich möchte noch mal auf Ihre wichtige Frage zurückkommen. Ich hatte ein Riesenerlebnis. Vor einigen Tagen war ich in einen scheußlichen Unfall verwickelt. 70 Autos, Schrott, jede Menge Schwerverletzte, drei Tote, zerstückelt. Ich musste das mitansehen, hatte selbst viel Glück und einen Schutzengel. Meine Kollegen sagen, zum Glück die richtige Marke gefahren … Aber ich wusste etwas später genau, was Sie meinten mit Ihrem Satz ‚Warum freue ich mich?‘ Ich weiß jetzt, wie wichtig die Frage ist. Ich probier das jetzt immer aus. Das hat mich schon verändert. Wenn ich jetzt morgens in die Firma komme und ich rufe dem Pförtner freudig mein ‚Guten Morgen!‘ zu – Sie, das verkraftet der. Oder später die Sekretärin … Ich hab das jetzt kapiert.“ Wir haben also ein tolles Instrument, Freude systematisch zu üben. Sie setzt immanente positive Kräfte in uns frei und versetzt manchmal vielleicht Berge! Dreimal täglich.

Noch bis vor kurzem glaubte man, ein Manager, der mit 50 noch keinen Herzinfarkt hatte, hätte etwas falsch gemacht oder sei nicht sehr fleißig. Die Philosophie ist doch: Arbeiten – ja. Auch hart arbeiten – aber um zu leben. Lebensqualität ist nicht Macht, Ansehen, Reichtum, Luxus. Dahinter steckt vielmehr die Frage „Warum freue ich mich?"

Mitarbeiter wollen einen Chef spüren, der Dampf macht, dem Dampf machen aber auch Spaß macht.

*Führungskräfte sind die Klimaanlage des Betriebs.*

## Blamiere dich täglich!

In vielen Unternehmen und Organisationen wird Gutes und Neues entworfen. Viele Entscheidungen kommen aber nicht zustande. Aus Angst vor Fehlern und Unbekanntem bleibt manches liegen, wird aufgeschoben. Zögern und Warten sind oft weniger strategisch geplante Schachzüge, sondern vielmehr Ausdruck von Unsicherheiten.

Thomas J. Peters und Robert H. Waterman beschreiben acht Merkmale besonders erfolgreicher und innovativer Unternehmen (Peters/Waterman, 1984, S. 36 ff.):

- Primat des Handelns,
- Nähe zum Kunden,
- Freiraum für Unternehmertum,
- Produktivität durch Menschen,
- sichtbar gelebtes Wertesystem,
- Bindung an das angestammte Geschäft,
- einfacher, flexibler Aufbau und
- straff-lockere Führung.

Unter dem „Primat des Handelns" und nach dem Motto „Probieren geht über Studieren" zitieren sie die gängige Verfahrensweise „do it, try it, fix it". Sie ist kennzeichnend für Unternehmen mit nicht zu bremsender Experimentierfreude. Damit erhalten sich diese Unternehmen ihre Beweglichkeit gegen die größenbedingte Konzernträgheit.

Unter dem „Freiraum für Unternehmertum“ fordern die Autoren von Mitarbeitern unternehmerisches Bewusstsein, Verhalten und Risikobereitschaft nach dem Grundsatz „Sieh zu, dass du genügend Fehler machst!“

Wir benutzen im Training zur Beschreibung dieser wichtigen Verhaltensmerkmale gerne den Leitsatz:

*Blamiere dich täglich!*

Gemeint ist damit auch die Einstellung einer qualifizierten Führungskraft zum Handeln, um Entwicklungen überhaupt zu ermöglichen. Stellen Sie sich doch nur vor, Sie würden ein Schild, vielleicht in Bronzeguss, mit dieser Aufschrift, für jeden Besucher und Mitarbeiter lesbar, auf Ihren Schreibtisch stellen. Was würde passieren?

Denken wir doch nur an den Verkauf unserer Leistungen. Was tut ein schlechter Verkäufer nach einer Serie von Misserfolgen? Er handelt immer weniger, zieht sich zurück ins Schneckenhaus und sucht nach externen Gründen, Rechtfertigungen, Ausreden. Aber deshalb ist er ja auch erfolglos. Nicht wegen der schlechten Produkte, Märkte oder Kunden. Der gute Verkäufer aber zeichnet sich dadurch aus, dass er nicht nachlässt zu probieren, zu experimentieren, sich zu fragen: „Wie könnte es noch gehen?“ Und nur durch dieses Verhalten, vielleicht auch verbunden mit externem Rat und Gespräch, findet er neue Wege und Lösungen.

Oder nehmen Sie die telefonische Terminabstimmung, oft auch Terminakquise genannt. Ich habe einige Coachings für solche Arbeitsfelder geleitet. Da gibt es Telefonisten, Akquisiteure, Repräsentanten, Verkäufer, wie immer sie bezeichnet werden, die zeigen deutlich den mimischen Ausdruck der Erleichterung, wenn der Kontakt besetzt ist oder nicht zustande kommt. Wie will ich dann Neues ausprobieren?

Was muss man tun, um Weltmeister im Segeln zu werden? Man muss oft genug ins Wasser gefallen und gekentert sein, um die feinen Grenzen des Risikos genau ausgelotet zu haben. Man muss es immer wieder tun, ausprobieren, experimentieren und sich oft genug blamieren.

Das gilt auch für die Grundhaltung in unserem Training. Wir können natürlich sagen „Oh je, das und das hat aber nicht so funktioniert“ oder „ich hab die Zeit nicht dazu“ oder „ich kann mir das nicht vorstellen“ und es künftig unterlassen. Dann werden wir aber auch nichts bewegen, nichts verändern, nichts verbessern.

Wir könnten uns aber auch schon morgens, nachdem wir aus dem Bett aufgestanden sind, ganz einfach fragen: „Was könnte, was möchte ich heute Reizvolles tun, entscheiden, verantworten?“ Blamiere dich täglich – das ist die notwendige Einstellung zum Training und zur Professionalisierung von Führung. Gemeint ist natürlich nicht unüberlegtes Drauflosprobieren, chaotisches Herumhantieren, sondern vorbereitetes, bewusstes, wohl überlegtes Tun. Denn wir wissen schließlich:

*90 Prozent des Erfolgs beruhen auf Vorbereitung.*

**Voraussetzungen: Strategiekarte**

Führungskräfte leben von und für Veränderung.
Anteil am Mitarbeiter nehmen.
Auf der Überholspur bleiben.
Positiver Einstieg = Positive Programmierung.
Warum freue ich mich?
Blamiere dich täglich!
90 Prozent des Erfolgs sind Vorbereitung.
Führungskräfte sind die Klimaanlage des Betriebes!

## Fragebogen

Beantworten Sie zur Selbstkontrolle die nachfolgenden Fragen auf einem separaten Blatt, bevor Sie weiterarbeiten. Es gibt in dem Sinne keine richtigen oder falschen Antworten, daher auch keinen Lösungsschlüssel. Entscheidend sind Qualität und Begründung Ihrer Antworten. Bei Unsicherheit reflektieren Sie die entsprechenden Abschnitte im Buch noch einmal.

1. Worin sehen Sie den Unterschied zwischen einem Manager und einem Vorgesetzten?
2. Wodurch wird man Führungskraft?
3. Welche Aufgaben haben Sie in Ihrem Unternehmen/Ihrer Organisation?
4. Welche persönlichen Voraussetzungen braucht eine Führungskraft, um erfolgreich zu sein?
5. Worin besteht der Erfolg einer Führungskraft?
6. Was hilft uns, auf der Überholspur zu bleiben?
7. Finden Sie spontan drei Antworten auf die Frage: „Warum freue ich mich?“ Beachten Sie bitte: Die Frage beginnt mit dem Fragepronomen „warum“, nicht mit „worauf?“.

# Einstellungen – Vorstellungen – Visionen

## VORSTELLUNG ODER WILLE?

Befragt man eine Gruppe gestandener Manager danach, was denn wohl entscheidender für den langfristigen Unternehmenserfolg sei – ihr Wille oder ihre Vorstellung – dann erhält man im Brustton der Überzeugung in den meisten Fällen das eindeutige Votum zugunsten des Willens.

Was glauben Sie, was beeinflusst unser Verhalten mehr: Die Vorstellung, das sind Imagination, Fantasie, Kreativität, Visionen, oder der feste Wille, die Entschlusskraft? Wodurch werden unsere Handlungen stärker bestimmt? Was ist für den Geschäftserfolg, das Verhandlungsergebnis wesentlicher?

In der Diskussion dieses Themas entstehen immer zwei Meinungsströme. Lassen wir dazu ein Bild sprechen.

**Abb. 3** **Vorstellung 1**

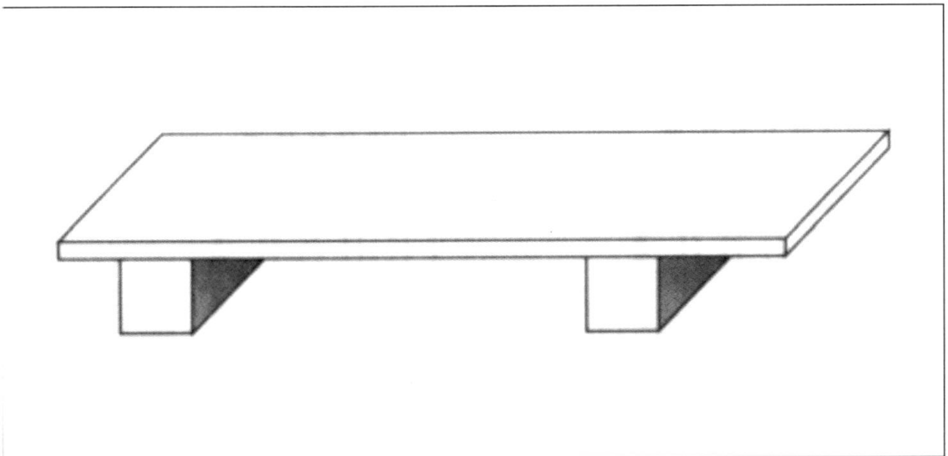

Abb. 4 **Vorstellung 2**

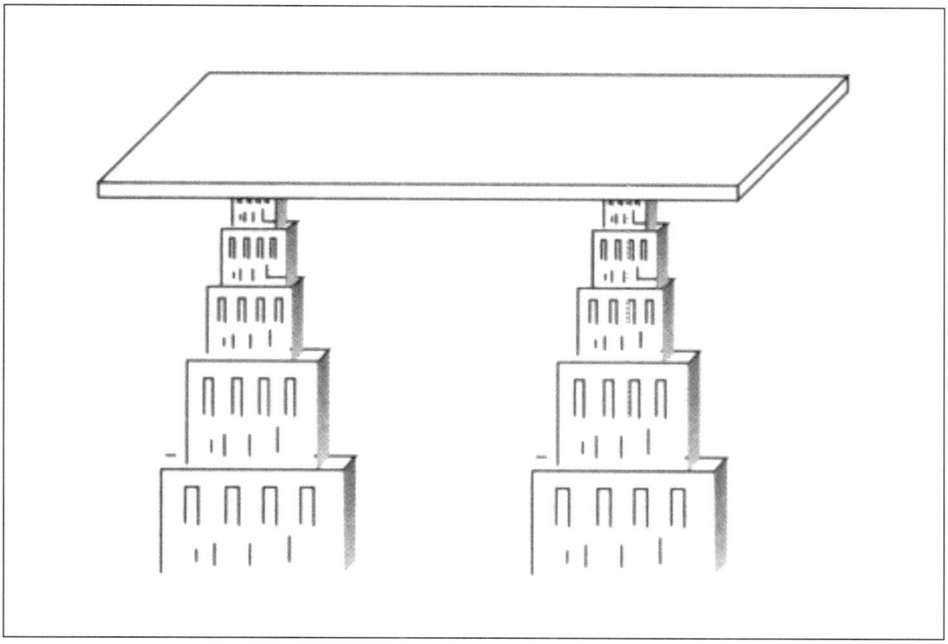

Abb. 5 **Bewusstes und Unbewusstes**

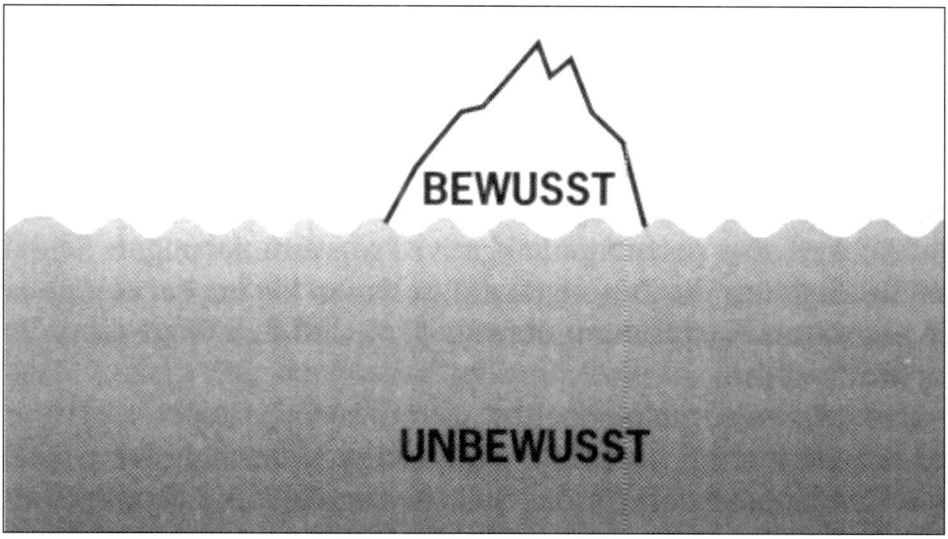

Die Zeichnung (Abbildung 3) zeigt zwei Ziegelsteine, auf denen ein Brett, 30 cm breit, 2,50 m lang, beispielsweise eine stabile Baubohle, liegt. Wenn Sie den festen Willen dazu hätten: Würden Sie sich zutrauen, über die Bohle zu gehen?

Ihre Antwort wird wahrscheinlich „ja" lauten. Über das Brett zu gehen, ist wirklich kein Problem, wenn wir das nur wollen!

Was ist aber, wenn wir nur eine Bedingung ändern? Wir legen dazu dasselbe Brett auf die Spitzen zweier Wolkenkratzer (Abbildung 4), ca. 200 m hoch.

Wir haben den gleichen starken Willen hinüberzugehen wie vorher. Werden wir es als Normalsterbliche wagen, auch nur einen Schritt zu gehen? – Nein, schon die Vorstellung vom Absturz lässt uns schwindeln.

Es sind unbewusste Vorstellungen, die gleichermaßen immer wieder im Alltag unser Verhalten prägen und bestimmen. Wir werden also von bewussten und unbewussten Vorstellungen gelenkt und gesteuert.

Das Verhältnis zwischen bewussten und unbewussten Vorstellungen scheint sogar sehr stark zugunsten der unbewussten zu überwiegen, wie wir an dem Bild vom Eisberg (Abbildung 5) zeigen können.

Das Schönste wäre es, wenn es uns gelänge, unseren Kopf mit positiven Vorstellungen und Visionen von der Intensität jenes Abgrundes (200 m) zu nähren und zu bevölkern. Dann würden wir unser Verhalten zwangsläufig ändern, ob wir das wollten oder nicht. Weil die Macht des Unbewussten so unglaublich stark ist.

Wir können an irgendeinem Abgrund erstarrt stehen bleiben oder Visionen wählen, die uns hinüberbringen. Natürlich müssen die Ziele klar und realistisch definiert sein, damit wir nicht ins Nichts oder ins Wasser springen! Eine schöne Vision oder graue Theorie?



## VISIONEN NÄHREN

Das Bild mit dem Brett ist natürlich nur ein Bild, ein Beispiel, wie negative Visionen uns negativ beeinflussen. Wir erhalten in der Wirklichkeit aber permanent negative Programmierungen. Schlagen Sie doch nur die Zeitungen auf, schauen Sie ins Fernsehen … Die negativen Nachrichten überwiegen. Und das fängt schon in der Kindheit an.

Nur einmal kommt im Leben eines jeden Menschen der westlichen Hemisphäre eine für das Selbstwertgefühl und die Motivation wichtige Phase, in der die Persönlichkeitsentwicklung durch die Umgebung positiv stimuliert wird, um eine noch ungeübte und nicht beherrschte Fähigkeit zu erlernen. Das ist zu Beginn der Phase des Laufenlernens. Das ist ein Ereignis! Die ganze Familie steht Kopf, wenn das Kind aus der Krabbelphase heraus sich an Möbeln und Sesseln aufrichtet und erste Stehversuche macht. Dann wird der Vater vom Ehrgeiz gepackt. Aufmunternd ruft er dem Sprössling zu „komm her, du kannst das!“, immer wieder und wieder, „komm, du kannst laufen“. Das Kind geht voller Vertrauen die ersten ein, zwei Schrittchen frei laufend und sinkt strahlend in die ausgestreckten Arme des glücklichen Vaters. Es hat mit der enormen Kraft von Vertrauen und positiver Motivation einen riesigen Schritt in seiner Entwicklung zur Entfaltung seiner Fähigkeiten vollzogen. Die Umwelt zollt dem Erfolg außergewöhnliche Zuwendung, die als Verstärker die Wiederholung des Vorgangs bis zur Perfektionierung motiviert.

Wird das Laufen einmal beherrscht, erreicht das Kind nun fast alles, was es will. Dann häufen sich schnell die negativen Sanktionen: „Tu das nicht …, das kannst du nicht …, du bist noch zu klein …, das verstehst du noch nicht …, das erklär ich dir später …, lass das …, halt, das geht kaputt! … komm du mal in die Schule …“ Lang ist die Kette von Demotivation bis hin zu Erniedrigung und Missachtung der Würde der Person. Negative Prägung setzt sich dann in Schule, Ausbildung, Studium und Beruf fort. Wundert man sich, warum viele Menschen arbeitsunlustig sind, keine Erfüllung im Beruf sehen, nur noch das Nötigste tun, keine Kreativität, keine inneren Kräfte mehr freisetzen, keine Verantwortung übernehmen wollen?

So geht das ein Leben lang … negative Programmierung!

Doch, wenn das mit negativen Vorzeichen so gut funktioniert, müsste es umgekehrt doch mindestens genauso gut gehen. Also müssen wir umkehren, die Vorzeichen der Programmierung ändern, unsere Stärken beleuchten und fördern, positive Visionen erzeugen, Fantasie entwickeln, wie scheinbar Unmögliches dennoch gehen könnte, experimentieren, ausprobieren, wieder tun, trainieren, Weltmeister werden wollen, Weltmeister in Führungsfragen. Und weiter: Positive Visionen in anderen erzeugen und nähren, andere kreativ machen, das ist doch das Thema.

Ich hatte im Rahmen der deutsch-französischen Freundschaft Gelegenheit, das französische Bildungs- und Erziehungswesen kennen lernen und erleben zu dürfen. Was ich anfangs lange Zeit nicht verstanden habe, war dieses: Warum sind Franzosen (wenn ich einmal generalisieren darf) im Naturell so viel emotionaler, lockerer, visionärer, fantasielebendiger als wir Deutschen? Denn sie durchlaufen generell ein ungeheuer strammes System an intellektueller und rationaler Selektion, an kognitivem Training und das von klein auf. Warum sind Franzosen keine durchgängig seelischen Wracks? Es scheint möglich, beginnend mit dem Eintritt in die Ecole Maternelle, über die verschiedenen Bildungsetappen bis zum Verlassen der Grandes Ecoles, dieses harte Erziehungs- und Bildungssystem nicht nur schadlos zu überstehen, sondern auch noch großartige Kräfte des Selbstbewusstseins, der Kreativität, der Fantasie, der Visionen, der Vorstellungskraft zu entwickeln, weil diese Kräfte in dem Lernsystem funktionell genauso mittrainiert werden.

Also: Entwickeln Sie positive Visionen im Alltag, im Beruf. Lenken Sie die Energie, die Sie für negative Vorstellungen verbrauchen, in positive Kräfte um.

Haben Sie sich schon mal in einem Hotel geärgert? Haben Sie den Ärger weitergetragen auf den Kellner, die Kellnerin, den Koch, die Rezeptionistin? Oder haben Sie gleich die Beschwerde beim Geschäftsführer eingeleitet? Haben Sie etwas gewonnen, etwas geändert? Manchmal vielleicht. Selten aber nachhaltig.

Machen Sie die Leute bei Problemen doch zu Mitarbeitern, zu Ihren Mitarbeitern, erzeugen Sie positive Visionen für Lösungen. Wofür geben wir Trinkgeld beim Portier, beim Ober? Wie achtlos wird es meist gegeben: „Stimmt so!" Oder beim Friseur, im Vorbeigehen beiläufig zugesteckt mit den Worten „für Sie!". Gerade bei Damenfriseuren wurde die Unsitte der zentralen Trinkgeldsammelstelle eingerichtet. Die Friseurinnen bekommen das Trinkgeld, die materialisierte Anerkennung nicht mehr vom Kunden, sondern aus der Sammelschatulle aufgeteilt. Wie banal, wie lieblos! Was wollen wir damit erreichen, was erwarten wir denn? Wo ist die Anerkennung einer Leistung?

Fassen wir kurz zusammen: Es gibt persönlichkeitszerstörende Programmierung. Die geht von banalen, routinemäßigen, lieblosen Begegnungen bis zu aktiven Negativäußerungen „... das kannst du nicht ... lass das ... das schaffst du nicht ... so geht das nicht ... du bist ein Trottel ... komm du erst mal in die Schule ... was sollen die Nachbarn von dir denken? ... das macht man so ... das gehört sich so ... lass nur deinen Vater nach Hause kommen ... aus dir kann ja nichts werden ..."

Das ist alte Schule der Pädagogik und Führung: Schwächen und Fehler herausstellen, um sie (angeblich begründet) abzubauen.

Die „neue" Schule lehrt dagegen: Die Stärken herausstellen und weiter fördern, Möglichkeiten und Chancen nutzen! Leitend ist dabei die Erkenntnis, dass jeder Mensch über positive Visionen und Vorstellungen motivierbar und förderbar ist. Wir können wählen. Wir haben keine Wahl zu entscheiden, ob wir hinken oder eine Muttersprache sprechen. Wir haben aber die absolut freie Wahl, welchen Visionen wir uns verschreiben. Was können wir tun, um in diesem Sinne stärker zu wirken? Wie können wir unsere Wirkung so steigern, dass andere das spüren? Wie können wir Visionen hilfreich auf andere übertragen?

Die Gedanken der positiven Visionen finden wir auch in der asiatischen Managementphilosophie unter dem Begriff des KAIZEN wieder. Unter der zentralen Fragestellung, was man noch besser machen kann, lehrt sie, das Gute ständig zur Veränderung einzusetzen. Interessant ist, dass diese Kraft von unten her in die Unternehmen und Organisationen eingeführt wird. Die Erfolge der Japaner, Chinesen und neuerdings auch Koreaner auf geistigem, technischem und wirtschaftlichem Gebiet beweisen die außergewöhnliche Wirkung der Lehre, die keine mystische Kontemplation lehrt, sondern als Kraft zur Einstellungs- und Verhaltensänderung verstanden werden will. Wir wissen, dass aus dem asiatischen Kulturraum außerordentlich starke Autosuggestionsmethoden kommen und können davon lernen. Wir haben in Kapitel drei gesagt, die spezifische Fähigkeit einer Führungskraft sei es, Veränderung herbeizuführen. Jetzt können wir sagen: Vorstellungen bei anderen zu ändern, gehört auch dazu. Und dem widmet sich das Training mit verschiedenen Methoden und Zielsetzungen.

**Strategiekarte** **Visionen nähren**

Vorstellungen bestimmen unser Verhalten
Vorstellungen fördern und Visionen nähren
Positive Programmierung

**Fragebogen**

Bitte beantworten Sie die Fragen wieder auf einem separaten Blatt.

- Sollen wir im Training unsere Stärken aufbauen oder die Schwächen korrigieren?
- Was beeinflusst unser Verhalten mehr – unsere Vorstellung oder unser fester Wille?
- Was bedeutet positive Programmierung?
- Welche Vorstellungen und Visionen können Sie für Ihre Aufgabe als Führungskraft heute neu entwickeln?
- Was verstehen Sie unter „aktiv lernen“?

# Trainingsmethoden

## TRAININGSHILFEN

In Ergänzung zu den methodischen Anregungen und Anleitungen der einzelnen Übungen empfiehlt sich eine Reihe von allgemein bekannten Verfahren, wie das Neurolinguistische Programmieren oder Magic Words. Natürlich können diese Methoden hier nicht vermittelt werden, zumal sie andernorts authentisch und ausführlich dargestellt sind. Sie werden jedoch als nützliche Übungs- und Lernhilfen angesprochen, weil der Vermittlungsansatz unseres Trainings sich dieser Techniken auch praktisch bedient. Daher kann die vertiefende Beschäftigung mit diesen Methoden die persönlichen Lerneffekte begünstigen.

Für den, der noch tiefer eindringen möchte, empfiehlt sich auch die Beschäftigung mit den Methoden der nondirektiven Gesprächspsychotherapie, vor allem wenn es um die Kunst des führenden Fragens geht.

Die Anmerkungen zur programmierten Simulation sollten bei allen Übungen in Verbindung mit den Merk- und Strategiekarten in jedem Fall benutzt werden. Das sind die methodischen Hilfen, die für jede Übung ergänzend zum spezifischen Aufbau und den Kommentaren Gültigkeit haben und dort nicht mehr einzeln aufgeführt sind. Die einzelne Kapitel abschließenden Fragebogen dienen der freiwilligen Selbstkontrolle.

# PROGRAMMIERTE SIMULATION

Auf dem Hintergrund von Lernpsychologie, nondirektiver Gesprächspsychotherapie, sokratischer Fragetechnik, Rollenspiel-Technik, NLP und Magic Words wurde die praktische Methode der programmierten Simulation zur konkreten Erarbeitung unseres Führungstrainings entwickelt. Wir nennen unsere Trainingsmethode abgekürzt einfach PROSIM.

Zu den einzelnen Führungsmitteln gibt es daher Beschreibungen von standardisierten sprachlichen Handlungsabläufen, die man durch wiederholtes Üben zu Gewohnheiten in so genannten „Trockenübungen" einschleift. Es sind einfache Verfahrensregeln, die, immer wieder und wieder geübt, zur „Effektivität" im Sinne von Peter F. Drucker führten. Sie prägen sich ein „wie ein bedingter Reflex, wie eine tief verwurzelte Gewohnheit". (Drucker, 1967, S. 26)

Vor Beginn einiger Übungen werden, falls erforderlich, bestimmte Voreinstellungen, Annahmen und Vorstellungen (Vorübungen oder Basisübungen) erzeugt, die spürbare Wirkung der spezifischen Übung verstärken sollen.

Die Führungsmittel werden dann in einzelnen Phasen mit Textbausteinen in grafischen Rahmen dargestellt, die man der Reihe nach sprachlich rezipieren sollte. Man kann dazu „Sparringspartner" seines Vertrauens, beispielsweise Freund, Freundin, Ehefrau, Ehemann etc. zu Übungszwecken hinzuziehen. Erst mit einer gewissen Sicherheit in Formulierung und Ablauf empfiehlt es sich, in vivo zu gehen, das heißt, mit Mitarbeitern die einzelnen Gespräche zu führen und Praxis zu üben.

Natürlich ist es wichtig, dass bei allen Textbausteinen so häufig wie möglich, ohne Stereotypieeindrücke zu erzeugen, die persönliche Anrede des Mitarbeiters mit „Herr …" oder „Frau …" vorausgeschickt oder in die Texte eingeblendet wird. Diese Höflichkeiten verstehen sich nach unserer Philosophie vom Umgang, von der positiven Wertschätzung, Aufwertung und Achtung des Mitarbeiters von selbst. Sie werden, aus Gründen der Übersichtlichkeit und um die Textbausteine nicht – mit eigentlich selbstverständlichem Inhalt – zu überfrachten, in der Darstellung weggelassen.

Weiterhin sollte nicht der Eindruck entstehen, die Ansprache im Buch gelte nur den Herren der Schöpfung, weil wir immer nur von dem Mitarbeiter im maskulinen Genus sprechen. Gemeint ist natürlich nur der maskuline Sammelbegriff vom Mitarbeiter, der auch den weiblichen Mitarbeiter einschließt.

| **Übersicht Methoden PROSIM** | |
|---|---|
| Situationsbeschreibung | Kommentare |
| Einstellungen | Philosophie |
| Voraussetzungen | Strategiekarten |
| Vorübungen | Merkkarten |
| Basisübungen | Merkblätter |
| Phasen | Übungsblätter |
| Textbausteine | Fragebögen |

Zu den Wirkungsmitteln der Übungen gehören auch die Elemente positiver nonverbaler Kommunikation wie körperliche Zuwendung, interessierte Aufmerksamkeit, aktives Zuhören, freundlicher Blickkontakt, offener Gesichtsausdruck. Eine gute Unterstützung dabei liefert als Kompendium das Buch von Horst Rückle „Körpersprache für Manager“ (Rückle, 1985).

Ausgesprochen wichtig ist auch, wenn im Einzelnen nicht anders kommentiert, dass die Abläufe und Phasen wie vorgegeben eingehalten werden, wenn die beabsichtigte Wirkung nicht verloren gehen soll. Die jeweiligen Kommentare geben nähere Informationen, Begründungen und Interpretationen zum besseren Verständnis und sollten gründlich und parallel zu den Phasen verinnerlicht werden. Die Abschnitte „Philosophie“ stellen Kern und Wesen der jeweiligen Methode heraus und liefern die psychologische Wirkungsinterpretation.

Schließlich werden bei einigen Methoden und Kapiteln Fragebögen, Übungs- und Merkblätter zur Intensivierung der Fertigkeiten und persönlichen Bewusstseinserweiterung beigegeben. Sinn und Zweck der für die Praxis wichtigen Merkkarten werden im übernächsten Abschnitt separat behandelt.

Die Standardisierung der Methode PROSIM besteht zusammengefasst aus folgenden Elementen (siehe oben).

Je nach Verfahren werden nicht immer alle Elemente benutzt. Jedenfalls wurde ein komplexes Inventar geschaffen, das es ermöglicht, die einzelnen Methoden zu verstehen, zu erlernen, auszuprobieren, zu übertragen, zu kontrollieren und zu implementieren, das heißt in Stufen so weit zu trainieren und zu übernehmen, dass sie flexibel und organisch aus dem Fundus der Persönlichkeit im Sinne progressiver Wirkungssteigerung gehandhabt werden können.

# MERK- UND STRATEGIEKARTEN

Am Ende eines jeden Abschnitts, nach Behandlung jeder Methode und zur Zusammenfassung der einzelnen Führungsmittel finden Sie Merk- oder Strategiekarten als Hilfsmittel für die Praxis. Am besten kopieren Sie sich die Karten und kleben sie auf kleine kartonierte Karteikarten, damit sie stabiler sind. Die Karten sind, nach intensivem Studium und Einüben der Methoden im Textteil Kernstücke der PROSIM-Methode.

In den ersten Wochen und vielleicht Monaten wird es angesichts der Stofffülle manchmal schwer fallen, trotz einiger „Trockenübungen" und rezeptiven Lernens der Methoden, die einzelnen Schritte und Textbausteine auseinander zu halten. Da sollen die Kärtchen helfen, die Verfahren folgerichtig und ohne systematische Fehler zu verifizieren.

Mit den Kärtchen werden Sie auch einige Schwächen überwinden: das nachlassende Interesse, die sinkende Begeisterung, den Druck anderer, angeblich wichtiger Alltagsaufgaben, Ausreden und Entschuldigungen. Die Merkkarten werden Sie immer wieder daran erinnern, weiter zu trainieren.

Da Vorbereitung auf alle Gespräche das oberste Gebot ist, bedienen wir uns einer von Profis aus dem Showgeschäft, der Nachrichten-, Sport- und Talk-Show-Moderation genutzten Methode der Vorbereitung und der Gestaltung: Kleine Karteikarten im Westentaschenformat, auf denen wir sozusagen unser ganzes Führungsinstrumentarium ständig mit uns tragen können wie andere Leute einen Satz Spielkarten. Auf diesen stehen die Methoden, nach der Systematik des Trainings geordnet, entweder als strategische Leit- und Merksätze, die uns an die Steuerung unseres Verhaltens oder bestimmter Einstellungen erinnern, oder wir finden darauf die Phasenabläufe der einzelnen Führungsmittel zur unmittelbaren und folgerichtigen Anwendungsübung in der Praxis.

Trainingsteilnehmer stellen schon mal die Frage: „Soll ich denn mit den Karten etwa vor dem Mitarbeiter arbeiten?" Die Antwort ist einfach: Man kann, man darf ohne weiteres. Ist es denn schädlich, wenn ein Mitarbeiter im Gespräch feststellt, dass sein Chef mit einer kleinen Hilfe arbeitet? Stört es die Kommunikation und die Beziehung, wenn der Mitarbeiter spürt, dass sich sein Vorgesetzter auf ein wichtiges Gespräch vorbereitet hat?

Stört es uns, wenn wir am Fernsehschirm registrieren, dass sich beispielsweise ein Günther Jauch in seiner Moderation kleiner Merkkarten bedient? Wird er nicht gerade von vielen Zuschauern als außerordentlich spontan und spritzig erlebt? Die Kärtchen sind die Spitze einer gründlichen redaktionellen Vorbereitung und Anker für den Ablauf einer wirkungsvollen und lebendigen Präsentation. Also, warum sollten wir Angst davor haben, unsere Merkkarten in Gesprächen zu benutzen? Das kann nicht schädlich sein, eher hilfreich.

Mancher wird sich daran erinnern, dass die Herstellung von Spickzetteln für Klassenarbeiten während der Schulzeit immer mit viel Aufwand und Arbeit verbunden war. Da sie grundsätzlich verboten waren, mussten sie mit sehr viel Geschick und Hingabe besonders formatiert sein. Man hat dabei enorme Kreativität freigesetzt! Auf jeden Fall hat jeder bei der Herstellung solcher Arbeitshilfen viel gelernt.

Es ist übrigens nicht zu verstehen, warum Lehrer die Herstellung und Nutzung solcher lernunterstützender Arbeitsmittel im Unterricht nicht systematisch fördern. Es könnten weit größere Ansprüche an die Leistungen gestellt werden, wenn die Entwicklung gut gemachter Spickzettel zur besseren Motivation und Vorbereitung von Schülern genutzt würde. Anstatt solche Mittel für die Steigerung des pädagogischen Prozesses zu nutzen, belegt man sie mit dogmatischem Verbot und negativen Sanktionen. Was wundert es, dass nur minimale Leistungen an rekapituliertem funkionalem Wissen unter großem Frust von Lehrern und Schülern zutage kommen, armselige Leistungen eines verkümmernden jugendlichen Geistes? Es gäbe also noch einiges zu tun für gute schulische Reformansätze.

Die Merkkarten sind jedenfalls für unser Training eine der wesentlichsten Hilfen zur Übertragung der Trainingsinhalte in die Praxis und die Professionalisierung unseres Führungsverhaltens.

## Teil 2

# Praxis der Führungsmittel

# Die ideale Anweisung

## VORBEREITUNG

Die Episode um die Frage „Tun Mitarbeiter immer, was sie sollen?“ haben wir bereits kennen gelernt. Natürlich ist die Frage mit einem provokanten Unterton gemeint. Es wäre doch zu idealtypisch verzeichnet oder verlogen, wenn darauf von irgendeiner Führungskraft ein klares „Ja!“ geantwortet würde. Die Frage erhält mehr Realität, wenn wir sie umformulieren: „Sind alle Mitarbeiter in ihren Leistungen gleich?“ Natürlich nicht.

Es ist aber eine wichtige Führungsaufgabe, gerade schwächere Mitarbeiter so zu fördern, dass sie die Ziele der Gruppe unterstützen und erreichen. Auf jeden Fall ist es eine Aufgabe, dafür zu sorgen, dass die Gruppenziele nicht durch schwächere Mitarbeiter reduziert werden. Wir wollen dazu eine vorbereitende Basisübung durchführen (siehe unten).

Lassen Sie uns Ihre Gesprächsskizze analysieren! Sicher haben Sie darauf geachtet, ein ruhiges, konzentriertes Gespräch zu führen. Versuchen Sie auch, den Mitarbeiter persönlich positiv und wohlwollend anzusprechen? Gut! Welche

**Basisübung: Ideale Anweisung**

Stellen Sie sich einen Ihrer schwächeren Mitarbeiter, der im Vergleich zu anderen geringere Leistungen bringt, konkret vor.
Sie wollen jetzt mit ihm reden und dafür sorgen, dass er das Ziel der Gruppe auch erreichen kann.
Formulieren Sie im Sinne einer idealen Anweisung auf einem separaten Blatt Papier in wenigen Stichpunkten Ihr Gespräch so, wie Sie sich vorstellen, dass Sie es führen würden, damit der schwächere Mitarbeiter den Anschluss an das Gruppenziel auch erreicht. Sie sollten für die Notizen maximal 5 Minuten Zeit aufwenden.

positiven Elemente können Sie noch aufzeigen? Bravo, für Ihre dokumentierte positive Einstellung zum Mitarbeiter!

Es geht jetzt nicht um Besserwisserei oder Schulmeisterei. Aber finden wir in Ihrem positiven Ansatz, zu dem Sie sich beglückwünschen dürfen, nicht sinngemäß sprachliche Elemente, mit denen Sie dem Mitarbeiter konkret sagen oder vorschlagen, was er wie tun sollte, um weiterzukommen? Was soll der Mitarbeiter mit Ihren Vorschlägen und Ideen anfangen? Kann er die umsetzen, so wie Sie sich das vorstellen? Denken Sie doch einmal an die vielen Ratschläge, die wir von wohlmeinenden Menschen empfangen. Fangen wir immer etwas damit an? Können wir sie anwenden? Die Inhalte der meisten Ratschläge kennen wir ohnehin bereits. Wir benutzen sie meist nicht, weil wir Bedingungen und Hindernisse kennen, die uns an der Ausführung hindern. Bei genauer Wortanalyse werden Ratschläge ohnehin meist unangenehm: Erst erfolgt Rat, dann setzt es Schläge!

Jeder Mensch soll ja bis zu einem gewissen Grade dem Narzissmus verfallen sein. So mag jeder in erster Linie sich selbst und schätzt auch seine eigenen Ideen am liebsten. Auch Ihrem Mitarbeiter ist seine Idee letztendlich 1000-mal lieber als Ihre allerbeste Idee.

Daher wollen wir ein methodisches Führungsmittel entwickeln, das auf der Basis dieser Erkenntnis die Möglichkeit schafft, Einstellungen, Fähigkeiten und Ideen des Mitarbeiters zu nutzen und seine Motivation und Kreativität konkret zu fordern und fördern. Weil die allgemeine Motivation des Mitarbeiters im Mittelpunkt steht, nennen wir das Gespräch auch Motivationsgespräch.

Motivation bezeichnet den Antrieb des Menschen zum Handeln. Sie kommt aufgrund der Bedürfnislage zustande. Der amerikanische Verhaltensforscher Maslow hat aus der Analyse internationaler Motivforschungen über einen langen Zeitraum festgestellt, dass alle Menschen in allen Kulturen ähnliche Bedürfnisse haben, sich die Bedürfnisse in einer Hierarchie aufbauen und sich auch im Aufbau der Menschheitsgeschichte wiederfinden.

Die Ergebnisse seiner Studien gipfeln in der mittlerweile populär gewordenen und in fast allen Verkaufsschulungen herangezogenen „Bedürfnispyramide“. Sie zeigt, welche Bedürfnisse entstehen und folgen, wenn eine bestimmte Art vorausgehender Bedürfnisse befriedigt sind. Der Mensch entwickelt seine Bedürfnisse in Qualität und Quantität von den niederen Grundbedürfnissen bis hin zu den höheren Bedürfnissen der Selbstverwirklichung in einer aufstrebenden Ordnung. Das hat natürlich Konsequenzen für den Umgang mit Menschen – insbesondere für Führungskräfte.

Die Pyramide lässt sich auch menschheitsgeschichtlich interpretieren. Fangen wir beim Urmenschen an. Wie weit waren vermutlich seine Entwicklung, seine Bedürfnisse? Nun, der Neandertaler, so nennen wir ihn einmal, war zunächst Tag für Tag damit beschäftigt, sich zu erhalten. Die Nahrungssuche war mit Arbeit und Anstrengung verbunden. Er lebte auf der Ebene der Befriedigung seiner Grundbedürfnisse, wie Essen und Trinken. Nachdem er sich gelabt hatte, erwachte der Geschlechtstrieb. Also suchte er sich ein Weibchen, kopulierte, wurde von der Erschöpfung müde und suchte Schlaf. Dazu nistete er sich zum Schutz vor Kälte und Feinden in einer Höhle ein, schleifte sein Weibchen hinterher und legte sich schlafen. Die Sicherheitsbedürfnisse waren geweckt und wurden befriedigt. Der Hang zur Wohnung und zur Kleidung entstand. Nachdem er gelernt hatte, die Grund- und Sicherheitsbedürfnisse regelmäßig zu befriedigen, entwickelte sich der Drang nach Geselligkeit. Andere Neandertaler wurden aufgesucht, man rottete sich zusammen, lebte und kommunizierte zusammen. Die sozialen Bedürfnisse waren erwacht. In der Gruppe entstanden Wetteifer und Wettkampf. Man suchte gegenseitig nach Anerkennung, Lob, Erfolg, Ehrung. Die Erfolgsbedürfnisse wurden angestrebt. Nachdem auch dies alles hinreichend bekannt und entwickelt war, entstanden die Bedürfnisse nach Selbstverwirklichung. Das Ich und sein Selbstwertgefühl wurden entwickelt. So lässt sich parallel dazu auch heute noch die Entwicklung der Bedürfnisse beim einzelnen Menschen erklären und beschreiben. Wir können auch den natürlichen Drang von Volksgrupen und Völkern nach Selbstständigkeit und Selbstverwirklichung damit begründen, der leider noch immer durch zentralistische Politiksysteme weltweit zerbrochen wird.

Viele Arbeitsverhältnisse in Unternehmen, Organisationen und Verwaltungen sind deutlich von der Unterdrückung der höheren Bedürfnisse geprägt. Ja, unser System tariflich und vertraglich definierter Arbeit ist darauf ausgerichtet, bestenfalls die Grund- und Sicherheitsbedürfnisse zu sichern. Und das ist für viele Arbeitnehmer in dem heutigen System staatlicher Abgaben- und Ausbeutungsmentalität noch fraglich geworden. Jedenfalls gehören Unternehmen, die sich tatsächlich um die Befriedigung der sozialen, der Erfolgs- und Selbstverwirklichungs-Bedürfnisse ihrer Mitarbeiter kümmern, schon zu den selteneren. Dabei hängt gerade von den höheren Bedürfnissen die Qualität und Stärke der Leistungsmotivation ab. Und Motivation ist die Grundlage für Kreativität. Sie kann nicht per Arbeitsvertrag, Geschäftsordnung oder aber per Dienstverfügung verordnet werden.

Die Motivationsforschung unterscheidet zwischen den Tendenzen, Erfolg zu erzielen und Misserfolg zu vermeiden. Heinz Heckhausen entwickelte und validierte die Faktoren „Hoffnung auf Erfolg“ als Erfolgsmotivation oder Gesamtmotivation und „Furcht vor Misserfolg“ als Misserfolgsmotivation. Demzufolge gibt es Menschen in allen Altersstufen, die stärker erfolgs- oder misserfolgsmotiviert sind. Große Leistungen, Kreativität, Verantwortung können aber nur unter Erfolgsmotivation entfaltet werden. Daher ist es notwendig, in der Arbeit mit Menschen die Fundamente für Erfolgsmotivation zu legen und vorhandene Misserfolgsmotivation zu reduzieren, anstatt sie zu verstärken.

# DAS MOTIVATIONSGESPRÄCH

## Positiver Einstieg

Wir haben ja bei Behandlung der Grundlagen schon die Bedeutung des positiven Einstiegs in Gespräche mit Menschen erkannt. Wir bewirken damit eine grundsätzlich positive Programmierung der Situation. Das ist besonders wichtig bei allen spontanen und situativen Gesprächsanlässen wie beim Anlass, der hier vorliegt. Denn wir wissen nicht immer, in welcher Stimmung und mit welcher Einstellung uns der Mitarbeiter gerade begegnet. Das Motivationsgespräch werden wir mit etwas Übung nämlich in allen möglichen Situationen einsetzen können, ohne uns jedesmal besonders darauf vorzubereiten, wie das zum Beispiel später beim Qualifikationsgespräch (Kapitel „Die Mitarbeiterqualifikation“) der Fall sein muss.

Um uns nicht in langen Tiraden zu verzetteln, ist die erste Phase kurz zu halten. Ein gut formulierter Satz nach den Beispielen der Textbausteine in situationsangepasster Version genügt bereits.

Wichtig ist, ein konkretes Lob auf eine möglichst aktuelle zeitnahe Handlung des Mitarbeiters zu setzen. Es muss ehrlich gemeint sein und einen lobenswerten Anlass bieten, sonst entsteht sofort emotionale Skepsis beim Gesprächspartner.

Hier greift natürlich auch die Grundphilosophie des Lobens, den Menschen, nicht die Sache zu loben, die wir als eigene Methode wenig später üben (Kapitel „Das Lob und die Anerkennung“).

| | |
|---|---|
| **1. Phase:** | **Positiver Einstieg** |
| | **Lob einer konkreten Handlung** |
| **Text:** | Ihr Einsatz bei der Verkäuferschulung letzte Woche hat mir gut gefallen ...<br>Toll, wie Sie den Auftrag XY hereingeholt haben ...<br>Dank Ihres großartigen Einsatzes sind wir am Freitag noch mit dem Montageabschnitt ABC fertig geworden ...<br>Sie haben eine hervorragende Arbeit in dem Projekt Q geleistet, Gratulation!<br>Durch Ihre Arbeit haben wir den wichtigen Zeitvorsprung im Projekt gewonnen.<br>Ihr Einsatz hat uns enorme Vorteile gebracht ... |
| **Achtung:** | Die Textbausteine sind alternative Beispiele, die situativ zu modifizieren sind.<br>Darauf achten: Den Menschen, nicht die Sache loben! |

## Ein reizvolles Ziel nennen

In der Nennung und Beschreibung eines möglichst reizvollen Ziels liegt die Begeisterung verborgen. Kann man Menschen ohne Ziele begeistern? Es sind immer wieder jene Menschen und ihre Ziele, die mit subjektivem Stolz erfüllt sind, die andere mitreißen. Dafür gibt es in der Geschichte eine Reihe von Beispielen, auch negative. Nur, damit die Wirkung und Macht dieser Phase so richtig deutlich wird: Wie viele Millionen Deutsche beantworteten die Frage „Wollt ihr den totalen Krieg?“ mit frenetischem „Ja!“? Heute befragt, war natürlich damals keiner dabei.

Das ist der Mechanismus: Ziele nennen, auf die der Mitarbeiter stolz sein kann, deren Erfüllung ihn reizen können. Damit wird Handlungsmotivation gefördert und verstärkt. Es gibt natürlich dafür viele denkbare Texte, die hier nicht erschöpfend aufgeführt werden können. Betrachten Sie die Textbausteine

| | |
|---|---|
| **2. Phase:** | **Ein reizvolles Ziel nennen** |
| **Text:** | Es ist wichtig für uns, dass unser Verkauf in diesem Jahr noch stärker wird.<br>In dieser Art müssen alle um ihre Aufträge kämpfen, wir sollten Ihre Erfahrung nutzen ...<br>Wir müssen auch in anderen Bereichen künftig auf Zeitgewinn achten.<br>Diese Arbeitsweise sollten wir auf andere Projekte übertragen.<br>Ich bin sicher, mit Ihrem Ansatz lassen sich noch weitere Vorteile erarbeiten. Welche könnten das sein?<br>Könnte man diese Kooperation nicht auf andere Unternehmensbereiche übertragen?<br>Sie wissen, wir wollen Marktführer werden, daher ...<br>Die Textbausteine müssen alternativ, situativ und sinngemäß formuliert werden. |
| **Achtung:** | Die Ziele müssen reizvoll aus Sicht des Mitarbeiters und im Interesse des Betriebs formuliert werden. |
| **Zustimmung:** | Die Zustimmung des Mitarbeiters muss eingeholt werden, erst dann Übergang zur nächsten Phase. |

in dieser Methode als Anregung zu eigenen sinngemäßen und zielgerechten Formulierungen. Bei anderen Methoden werden wir feststellen, dass die fast wortgetreue Benutzung der Textbausteine wichtig für den Erfolg der Anwendung sein kann.

Man erkennt unschwer, dass zur erfolgreichen Nutzung der Methode wieder das Mittel „Anteil nehmen“ ungeheuer wichtig wird.

Wir müssen schon einiges über die persönlichen und beruflichen Vorstellungen, Bedürfnisse und Zielvorstellungen unserer Mitarbeiter wissen, wenn wir sie stärker motivieren und vor allem die hier besprochene Phase wirkungsvoll gestalten wollen. Darauf folgt eine kurze, aber wichtige und für den weiteren Verlauf entscheidende Phase.

## Mitarbeit sichern

Diese kurze Phase ist eine Weichenstellung für den weiteren Ablauf. Gleichzeitig können wir sozusagen im Selbsttest feststellen, ob wir die Anforderung nach Formulierung eines reizvollen und stolzen Zieles erfüllt haben. Kommt vom Mitarbeiter begeisterte, stolze und überzeugte Zustimmung, dann sind wir sicher auf dem Weg zum Aufbau der wirkungsvollsten Motivation überhaupt. Die Wissenschaft spricht hier von der „intrinsischen Motivation“ zum Handeln und zur Zielerreichung und meint damit die von innen, aus der Persönlichkeit selbst kommenden und selbst gesetzten Antriebe zu Handlung und Leistung. Nach der bekannten Bedürfnishierarchie nach Maslow sind hier die höheren Bedürfnisse der Selbstverwirklichung angesprochen.

Die Phase dauert nur drei, vier kurze Sätze lang und ist so entscheidend, weil die nächsten Schritte davon abhängig sind. Hier wird der Weg vorbereitet, aus Mitarbeitern Mitdenker zu machen, selbstbestimmte Verantwortung zu delegieren und eigene kreative Ideen zu entwickeln und zur Realisierung zu bringen.

Gibt der Mitarbeiter in dieser Phase keine Zustimmung, dann ist kein Porzellan zerbrochen, dann registrieren wir das schlicht, gehen ins stille Kämmerlein und analysieren die Gründe. Mit Sicherheit haben wir dann einen Fehler in der Definition und Formulierung der vorausgehenden Phase begangen. Nur durch bewusste und ehrliche Fehlersuche und Analyse kommen wir im nächsten Gespräch weiter. Nur zu häufig sollten die „Fehlversuche“ auch nicht passieren, sonst werden wir zur Farce in Motivationsgesprächen!

| | |
|---|---|
| **3. + 4. Phase:** | **Mitarbeit sichern** |
| **Text:** | Es ist wichtig für das Unternehmen, dieses Ziel zu erreichen.<br><br>Kann ich dabei mit Ihnen rechnen?<br>Kann ich mich auf Sie verlassen?<br>Machen Sie mit? |
| **Bestätigung:** | Auf jede Frage muss ein klares, überzeugendes „Ja!“ kommen. |

| | |
|---|---|
| **5. Phase:** | **Anerkennung – Lob** |
| **Text:** | Das freut mich, auf Sie kann ich bauen!<br>Ich wusste, dass ich mich auf Sie verlassen kann, bravo!<br>Das finde ich toll, mit Ihnen kann man rechnen! |
| **Achtung:** | Nur eine Aussage sinngemäß verwenden.<br>Keinen Lobesschwall erzeugen! |

## Anerkennung – Lob

Diese wiederum nur einen Satz lange Phase ist von blitzlichtartiger Wirkung und trotz der Kürze unglaublich wichtig, wenn sie mit entsprechender Betonung, Würde und Bedeutung ausgesprochen wird.

Die betont und bewusst vermittelte Anerkennung entspricht auch wieder einem hohen Bedürfnis in der Bedürfnispyramide. Was suchen Menschen von früh bis spät? Anerkennung, Bestätigung, das ist das ganze Geheimnis von Erziehung, Bildung und Führung. Hier haben wir eine gute Gelegenheit, solche menschlichen Bedürfnisse zu befriedigen und zur Erreichung wichtiger Ziele im Unternehmen zu nutzen.

Und hat unser Mitarbeiter für seine artikulierte Zustimmung, für seine begeisterte Einwilligung zur aktiven Mitarbeit an der Zielerreichung nicht unser volles Lob verdient? Aus Mitarbeitern Mitdenker machen, dieser Leitgedanke realisiert sich jetzt stufenweise. Das wird praktizierte Mitverantwortung und Mitbestimmung. Hier wird Verantwortung gefördert.



## Was schlagen Sie vor?

In dieser Phase werden das Ziel und die Philosophie verwirklicht: Wir wollen aus Mitarbeitern Mitdenker machen! Das ist praktizierte Mitbestimmung durch qualifizierte Mitverantwortung. Auf diesem Hintergrund werden management by delegation und betriebliches Vorschlagswesen überhaupt erst realisierbar. Wir wollen nicht Mülleimer für Fehler, Probleme und Versagen von Mitarbeitern

| | |
|---|---|
| **6. Phase:** | **Was schlagen Sie vor?** |
| **Text:** | Was schlagen Sie vor, was ist zu beachten und wie wollen Sie vorgehen?<br>Wie könnte die Lösung aussehen?<br>Haben Sie schon eine Idee, wie das umzusetzen ist?<br>Haben Sie schon konkret darüber nachgedacht?<br>Was fällt Ihnen spontan dazu ein?<br>Womit wollen Sie beginnen und wie soll es weitergehen?<br>Wie könnte es gehen?<br>Was wäre sonst noch möglich? |
| **Achtung:** | Text nicht sukzessiv benutzen, sondern alternativ und situativ auswählen. |
| **Bestätigung:** | Bestätigung jeder Ausführung, um weitere Gedanken und eine interessante Sachdiskussion anzuregen. |

spielen. Als Führungskraft können wir die Ziele festlegen und bestimmen. Den Weg dorthin sollen und wollen Mitarbeiter mitdenken.

## Konkrete Vereinbarung

Die konkrete Vereinbarung steht am Ende des Motivationsgespräches, um konkrete Ziele und Aufgaben festzulegen, Ergebnisse sicherzustellen und die Kontrolle nach vereinbarten Kriterien zu ermöglichen. Sollten wir aufgrund der Schwierigkeiten der erörterten Sachprobleme noch nicht zu konkreten Zielen kommen können, weil zum Beispiel noch Informationen eingeholt, bestimmte Prüfungen durchgeführt, Vorbereitungen erfolgen müssen, dann ist das auch kein Schaden für das Verfahren, dann werden eben die dazu notwendigen Zwischenschritte und -ziele vereinbart. Auf jeden Fall gibt es konkrete Handlungsanweisungen für einen bestimmten Zeitraum.

| | |
|---|---|
| **7. Phase:** | **Konkrete Vereinbarung** |
| **Text:** | Also, halten wir Folgendes fest ... |
| **Zweck:** | Festlegung konkreter Schritte und Termine unter Umständen sogar schriftlich als Voraussetzung der Erfüllung und gemeinsamen Kontrolle. |

# PHILOSOPHIE

Im Motivationsgespräch ist jede Phase auf den stufenweisen Aufbau von Leistungsmotivation ausgelegt. Die Kernformel und den Grundgedanken dieser operationalisierten Motivation haben wir schon kennen gelernt:

- Den Mitarbeiter zum Mitdenker machen.

Sie wird in den Phasen 1–5 vorbereitet und in Phase 6 – „Was schlagen Sie vor? – realisiert. Im Hintergrund stehen die Philosophien der Merksätze:

- Dem Mitarbeiter ist seine eigene Idee 1000-mal lieber als die beste Idee des Chefs.
- Das größte Kapital des Unternehmens steckt nicht in den Bilanzen, sondern in den Köpfen der Mitarbeiter.

Diese allgemeine Methode eines zielgerichteten Motivationsgespräches wird auch „Ideale Anweisung“ genannt, weil durch die Mitbestimmung und Selbstverwirklichung des Mitarbeiters bei der gestützten und geführten Zielentwicklung, die Bereitschaft zur Umsetzung unter höchstem persönlichen Einsatz am ehesten und im Unterschied zu allen anderen, rein chefbestimmten Anweisungen, gegeben ist.

Diese Methode birgt noch weitere Vorzüge, wenn sie mit Konsequenz und Sicherheit angewandt wird. Durch die Praxis der Selbstmotivation von Mitarbeitern fällt auf Sicht erhebliche Zeitersparnis an. Intrinsisch motivierte Mitarbeiter helfen uns in der Führung Zeit zu sparen, da sie sich aus eigenem Antrieb selbstverantwortlich um Lösung und Zielerreichung kümmern. Andererseits gewinnen wir selbst erhebliche Zeitanteile, weil wir uns nicht mehr in allen Fällen um jedes Problem, um jede Aufgabe und um jede Frage selbst kümmern, sondern den Mitarbeiter zum Denken veranlassen. Unser tägliches Thema „Zeitmanagement" erhält also eine neue Dimension und Effektivität.

Wir erreichen allein durch systematische und folgerichtige Nutzung der Methode mehr Zeitgewinn als alle Zeitplantechniken das vermögen, denn diese haben alle ein ungelöstes Problem: Unsere Zeit ist nicht vermehrbar und nicht umkehrbar, sie ist nur im vorgegebenen Rahmen einmal vorhanden. Durch mehr Motivation und Selbstbestimmung bei der Arbeit werden Führungskräfte auf allen Ebenen aber verfügbarer für die wichtigen Führungsaufgaben bei gleichzeitiger Leistungssteigerung im Organismus Betrieb.

Wir können also als wichtiges Sekundärergebnis festhalten:

*Zeitgewinn bei gleichzeitiger allgemeiner Leistungssteigerung durch Motivationsgespräch.*

Es ist jedoch zu befürchten, dass viele Führungskräfte sich zunächst einmal von einer verbreiteten Schwäche selbst befreien müssen: Von dem Glauben, grundsätzlich alles nur selbst am besten ausführen zu können.

Abschließend müssen wir noch einen Wermutstropfen einschenken: Man täusche sich nicht schlitzohrig über die Philosophie hinweg. Die Methode dient nicht der verordneten Leistungssteigerung, wie beispielsweise Umsatzerhöhung, Kostensenkung, sondern der allgemeinen Motivation, Förderung und Kreativität des Mitarbeiters auf gemeinsam definierte Ziele hin. Auf diesem Hintergrund entwickelt sich automatisch mehr Leistung je nach Qualität der Ausführung der Methode. Man kann es in jedem Fall als das demokratische Führungsmittel par excellence bezeichnen!

## Merkkarte Motivationsgespräch/Vorderseite

**Motivationsgespräch** **Methode**

- Positiver Einstieg – Lob einer konkreten Handlung
- Reizvolles Ziel nennen
- Machen Sie mit?
- Zustimmung des Mitarbeiters einholen
- Anerkennung – Lob
- Was schlagen Sie vor?
- Konkrete Vereinbarung

## Merkkarte Motivationsgespräch/Rückseite

**Motivationsgespräch** **Philosophie**

- Dem Mitarbeiter ist seine Idee tausendmal lieber als die beste Idee des Chefs.
- Das größte Kapital des Unternehmens steckt nicht in den Bilanzen, sondern in den Köpfen der Mitarbeiter.
- Zeitgewinn und Leistung durch Motivation.
- Den Mitarbeiter zum Mitdenker machen.

# Die Mitarbeiterbeurteilung

## EIN HEIKLES THEMA

Die Beurteilung und Bewertung der Arbeit von Mitarbeitern ist für viele Betriebe und Führungskräfte ein heikles und unbequemes Thema. Das mag verschiedene Gründe haben. Einmal wird Mitarbeiterbeurteilung als statische und formelle Bewertung gesehen, die mit dem Tagesgeschäft, der Erreichung wichtiger Ziele, der Leistung und Produktivität weniger zu tun hat.

Die Unbequemlichkeit, die mit Beurteilungen verbunden ist, zeigt sich schon in der Seltenheit, Zufälligkeit und Unlust, mit der diese Führungsaufgabe wahrgenommen wird. Bei Kündigungen und Entlassungen sind es die formellen Beurteilungen aus arbeitsrechtlicher Notwendigkeit. Und so sehen viele Beurteilungsschreiben und Arbeitszeugnisse auch förmlich und „pflichtgemäß" aus!

Ansonsten finden Beurteilungen selten freiwillig statt, es sei denn, ein Unternehmen verfügt über eine gut geführte Personalabteilung mit Spezialisten, die ihr Handwerk „gelernt" haben und regelmäßige Personalbeurteilung zur Aufgabe haben.

Öffentliche Verwaltungen und Anstalten führen die Beurteilung als Dienstvorschrift aus. Die Sachbearbeiter, Referenten, Abteilungsleiter, Direktoren, Dirigenten müssen in regelmäßigen Abständen jährlich, manchmal auch halbjährlich oder bei beantragter Beförderung und anstehender Regelbeförderung die ihnen unmittelbar unterstellten Mitarbeiter beurteilen. Die Qualität reicht von minimalen Routineformulierungen nach Vorgaben des Arbeits- und Dienstrechts bis hin zu aufwendigen, scheinbar standardisierten Beurteilungsbögen in moderner multiple-choice- oder Auswahlantworttechnik. Das Ganze ist heute auch über EDV-Software abzuspeisen, nach dem Motto „Personalbeurteilung leicht gemacht!". Ja, leicht macht man sich's zu leicht, wenn es um Menschen geht.

Auf jeden Fall gibt es dort, wo Beurteilungen stattfinden, traditionell immer ein Opfer. Zwar werden in unter demokratischen Ansprüchen geführten Organisationen die Beurteilungen mit dem Beurteilten besprochen, aber meistens sind das Vorlesungen mit zwingenden und mehr oder minder einsehbaren Begründungen, die das Opfer in dem Wissen akzeptiert, dass der Chef doch immer Recht hat. Je niedriger die Hierarchiestufe ist, desto größer dürfte die Abhängigkeit des Mitarbeiters von der Art der Beurteilung durch Vorgesetzte sein.

## FÜHRUNGSAUFGABE BEURTEILUNG

Es gibt arbeitsrechtliche und betriebspsychologische Erhebungen über Kündigungsgründe von Mitarbeitern. Was glauben Sie, welche sind die häufigsten? Nun, das Geld, die Bezahlung stehen wider Erwarten, statistisch gesehen, nicht an vorderster Stelle.

Ein häufiger Grund ist der: Mitarbeiter wissen nicht sicher, wo sie im Unternehmen, in der Organisation stehen und welche Entwicklung sie haben. Gleichzeitig ist zu erkennen, dass Beurteilungen meist nicht stattfanden oder dem Mitarbeiter (arbeitsrechtlich unzulässigerweise) nicht mitgeteilt wurden. Gerade ehrgeizige Mitarbeiter mit Anspruchsniveau und Selbstwertgefühl leiden darunter und neigen zu Kündigung, wenn sie ihre Bedürfnisse nicht erfüllt sehen. Wundert man sich noch über Missstände in der Motivation dieser Mitarbeiter?

Dabei kann die regelmäßige, gewissenhafte und systematische Beurteilung ein positives Instrument zur Führung von Mitarbeitern einerseits sein. Andererseits erfährt der Mitarbeiter durch die regelmäßige Beurteilung nach bekannten Kriterien einschätzbare Werte über seine Position und Situation innerhalb der Organisation. Es ist fast wichtiger für seine Leistungsmotivation, dass er mit der Einschätzung seines Chefs umgehen kann, als umgekehrt der Chef ein Bild von seinem Mitarbeiter benötigt.

Die wichtigste Voraussetzung für jede Art Beurteilung ist zweifellos das Motivationsgespräch. Einer formellen Beurteilung müssen viele informelle Gespräche vorausgegangen sein. Das Motivationsgespräch ist ein solches informelles, wenn auch systematisiertes Gespräch, das auch gute Dienste für die Vorbereitung von Beurteilungen leisten kann. Vor allem schafft es die Vertrauensbrücke, die für die Akzeptanz jeder formellen Maßnahme erforderlich ist.

Neben den vielen Gelegenheiten zur Kommunikation, die sich aus der Zusammenarbeit laufend ergeben, ist es idealerweise notwendig, alle drei bis sechs Monate ein systematisches Bild vom Mitarbeiter durch eine formelle Beurteilung zu haben.

Wenn Sie einen der vielleicht in hundertfachen Varianten auf dem Markt befindlichen Beurteilungsbögen benutzen, dann ist das in Ordnung, wenn Sie überhaupt ein Instrument benutzen und damit regelmäßig Beurteilungen durchführen. Sie sollten lediglich von allzu umfangreichen und differenzierten Frage- oder Beurteilungsbögen absehen, denn Sie wollen keine wissenschaftliche Erhebung über Persönlichkeitsdimensionen durchführen. Allzu aufwendige Verfahren verstellen eher den Blick für das Wesentliche, als dass sie weiterhelfen. Wir werden immer nur ein relativ grobes Bild vom Mitarbeiter mit formellen Mitteln zeichnen können. Die vielgliedrigen, Facetten der Person zu erfassen und zur Leistung zu bringen, gelingt uns mit anderen Führungsmitteln besser.

Wir wollen nun auch nicht irgendeinem der vielen anspruchsvollen Beurteilungsbögen die Präferenz geben oder gerade hier einem besonderen empirisch-wissenschaftlichen Anspruch huldigen, wenn es um einen Vorschlag geht. Wir wollen aber doch denjenigen Praktikern, die den Zugang zu Beurteilungsinstrumenten nicht haben, mit der Darstellung eines kurzen, übersichtlichen, leicht zu handhabenden und dennoch die wichtigsten Bereiche ansprechenden Beurteilungsbogen eine Hilfestellung geben, Beurteilungen systematisch durchzuführen, Formulierungshilfen für formelle Beurteilungsschreiben und Arbeitszeugnisse zu nutzen oder Gespräche mit dem Mitarbeiter darüber zu führen.

Nach unserer Philosophie von Führung geht es im Grunde niemals um den Beurteilungsbogen und die Formulierungen, sondern um das Ergebnis solcher Aktionen: um das Gespräch mit dem Mitarbeiter und das, was man daraus im Sinne von Führung machen kann.

Wir haben in verschiedenen Trainings auch praktische Versuche mit einer interessanten Gebrauchsvariante gemacht: Beurteilungsbögen wurden sowohl vom Vorgesetzten als auch parallel vom Mitarbeiter über seine Person bearbeitet. Dann wurden die Ergebnisse gemeinsam verglichen und die Positionen gegenseitig abwägend diskutiert. Das waren hochaktive und konstruktive Gespräche zwischen Chef und Mitarbeiter, bei denen viel Nähe zwischen beiden entstand.

Die beste und wirkungsvollste Fortsetzung oder Auswertung findet aber die formelle Beurteilung in der Mitarbeiterförderung. Dazu üben wir im folgenden Kapitel ein aufwendiges Führungsmittel: die Mitarbeiterqualifikation oder das Mitarbeiterförderungsgespräch, wiederum in systematischer Form. Insofern kann neben anderen Verwendungszwecken das Gespräch nach oder aufgrund einer Beurteilung möglicherweise immer ein Qualifikationsgespräch und damit Teil der aktiven Führungsmittel sein. Oder andersherum formuliert: Jedem Qualifikationsgespräch kann eine Beurteilung vorausgehen.

## Der Beurteilungsbogen (1)

**Name** **Vorname** **Geb.-Datum**
**Familienstand** **Position** **Funktion**

### 1. Arbeitsverhalten – Effektivität – Umgang mit Aufgabe und Zeit

- Belastbarkeit
  - Fels im Meer – außergewöhnlich belastbar
  - überdurchschnittlich belastbar
  - durchschnittlich belastbar
  - stößt gelegentlich an seine Grenzen
  - gibt zuweilen zu früh auf
- Arbeitsbereitschaft und Fleiß
  - ausgesprochen initiativ – großer Einsatz
  - aktiv und anstrengungsbereit – fleißig
  - richtet sich nach der Attraktivität der Arbeit
  - unternimmt gelegentlich von sich aus etwas
  - zeigt wenig Interesse in dieser Funktion
- Arbeitsplanung
  - absolut klar durchdacht – selbstständige Zielsetzung
  - arbeitet sehr planvoll und gut vorbereitet
  - arbeitet mit Überlegung
  - denkt manchmal zu wenig voraus
  - braucht stets Detailvorschriften
- Arbeitstempo
  - ausgesprochen zügig und flott
  - gutes Arbeitstempo – wird schnell fertig
  - durchschnittliches Arbeitstempo
  - braucht meistens mehr Zeit als andere
  - wird meistens nicht fertig – viele unerledigte Arbeiten
- Sorgfalt und Zuverlässigkeit
  - überaus genau und zuverlässig
  - sehr sorgfältig und zuverlässig
  - im Großen und Ganzen in Ordnung
  - manchmal zu wenig genau und zuverlässig
  - mit Genauigkeit und Zuverlässigkeit auf Kriegsfuß

Bemerkungen – Besonderheiten

## Der Beurteilungsbogen (2)

### 2. Intellektueller Umgang mit Information

- **Auffassungsgabe**
  - erfasst sehr schnell – ist stets im Bilde
  - sehr gute Auffassungsgabe
  - gute Auffassungsgabe
  - braucht manchmal etwas Zeit zur eindeutigen Auffassung
  - oft vermeidbare Missverständnisse

- **Denk- und Urteilsfähigkeit**
  - ausgesprochen klares und sicheres Urteilsvermögen
  - vermag Wesentliches stets allein zu erkennen
  - selbstständiges Urteilsvermögen in seinem Funktionsbereich
  - manchmal etwas unsicher im Urteil
  - hat oft Mühe, den Kern der Sache zu erfassen

- **Fachwissen – Fachkenntnis**
  - Experte in seinem Fach und angrenzenden Bereichen
  - sehr gute Fachkenntnisse
  - in Ordnung
  - erkennbare Lücken
  - nicht ausreichend – unvollständig

- **Gedächtnis – Behaltensleistung**
  - ausgesprochen gute Merkfähigkeit, auch für Einzelheiten
  - weiß stets Bescheid
  - gutes Erinnerungsvermögen
  - vergisst ab und zu auch Wichtiges
  - schlecht organisiert

- **Persönlichkeitswirkung – Umgang mit anderen**
  - wegleitend – mitreißend – begeisternd – auch heikelste Situationen meisternd
  - durchweg erfolgreich im Umgang mit anderen, sehr guter Motivator mit breitem Spektrum
  - setzt sich durch und kommt mit anderen gut aus
  - zu wenig Interesse am erfolgreichen Umgang mit anderen
  - verhindert oft selbst den eigenen und den Erfolg anderer „Erfolgsbremser"

Name und Funktion des Beurteilers

# Die Mitarbeiterqualifikation

## MITARBEITER SIND EINE AUFGABE

Die Überschrift entspringt dem Kerngedanken: Mitarbeiter haben nicht nur Aufgaben – sie sind eine Aufgabe! Dieser Gedanke beherrscht als Prinzip das gesamte Training, ist aber die besondere Philosophie dieses Kapitels. Wir haben bisher erkannt, dass Mitarbeiterbeurteilung nicht nur Erfüllung arbeitsrechtlicher Vorschriften und formaler Arbeitnehmeransprüche, sondern ein aktives Instrument der Führung ist. Wenn wir die für die Zusammenarbeit weit wichtigeren informellen, sozialen und emotionalen Aspekte berücksichtigen, können wir uns mit der Verbesserung der persönlichen Leistungsbereitschaft und Leistungsfähigkeit, der Mitarbeiterqualifikation oder, zu Deutsch, Mitarbeiterförderung beschäftigen. Wichtig ist zu wissen, dass es hierbei nicht um fachliche Ausbildung geht, obwohl die hier behandelte Methode sich auch pädagogisch bereichernd in die Didaktik jedes Bildungs- und Ausbildungsprozesses einfügen würde. Es geht dem Grunde nach hier vornehmlich um die persönliche Qualifikation oder besser: die Qualifikation der personalen Kräfte und Fähigkeiten des Mitarbeiters.

Rekapitulieren wir kurz: Das Motivationsgespräch, auch „Ideale Anweisung“ genannt, haben wir als ein Instrument kennen gelernt, mit dem wir den Mitarbeiter zum Mit-Denker machen. Die Begründung war:

*Dem Mitarbeiter ist seine eigene Idee tausendmal lieber als die beste Idee des Chefs!*

Die gute Gewohnheit, Motivations- und Beurteilungsgespräche zu führen, ist Voraussetzung für jede Mitarbeiterqualifikation. Wir werden zunehmend erfahren, dass die acht Führungsmittel nicht nur für bestimmte konkrete Ziele und Aufgaben bestimmt sind, sondern einen progressiven Wirkungsaufbau implizieren. Das heißt, unsere Fähigkeiten Menschen zu führen, stärken wir nicht nur durch die Intensität und Professionalität der einzelnen Übung, sondern auch durch situationsadäquate Beherrschung und Integration aller Übungen in unser Verhaltensrepertoire.

Der Mitarbeiterqualifikation können jährlich drei bis vier systematische Beurteilungsgespräche vorausgehen, bzw. parallel geschaltet werden. Warum? Leistungsabfall, Demotivation, Arbeitsbummelei, innere Kündigung, ja sogar die Tendenz zur Kündigung liegen in der Unsicherheit eines Mitarbeiters über seine Stellung, Positionierung, Perspektive und Zukunft im Unternehmen begründet. Es gibt Chefs, die geradezu krankhaft mit Verunsicherung arbeiten, um Mitarbeiter „im Griff" zu halten, sich aber über die unangenehmen Folgen wundern.

Betriebspsychologische Untersuchungen haben gezeigt, dass nicht etwa die Bezahlung der häufigste Kündigungsgrund für Mitarbeiter ist, sondern ein weit wichtigerer Faktor die Unsicherheit in der Einschätzung der Stellung und Bedeutung im Unternehmen.

Das heißt, Mitarbeiter müssen zu jeder Zeit über ihre Situation im Bilde sein. Nur ein seiner Person, Situation und Position sicherer Mitarbeiter geht den Weg der persönlichen Qualifikation mit. Selbstsicherheit und Vertrauen zum Vorgesetzten und seinen weiteren Absichten sind also wichtige Voraussetzungen.

Der Abteilungsleiter eines Maschinenbauunternehmens sagte mir einmal in einer Diskussion, in der wir das Thema Qualifikation bearbeiteten: „Wissen Sie, ich mach das ja regelmäßig mit meinen Leuten. Ich sage denen, wie ich sie einschätze und beurteile. Dann sage ich ihnen auch immer, dass sie gut sind, dass sie sich aber noch mehr anstrengen, noch mehr Einsatz bringen müssen, dass sich das auch lohnt. Ich sage einem manchmal auch auf den Kopf zu, dass er mehr kann, dass ich ihm mehr zutraue, dass er nur mehr aus sich herausgehen müsste. Aber so richtig bin ich dann doch nicht mit den Ergebnissen zufrieden."

Ein zentraler kritischer Punkt fällt bei dieser Äußerung auf. Der Abteilungsleiter geht grundsätzlich von sich aus. Er macht vorwiegend die Aussagen „ich mache das, ich sage denen, wie ich sie einschätze und beurteile, dass ich ihm mehr zutraue", um nur einige herauszugreifen. Die Frage, ob er merke, dass er vorwiegend von seiner Position und Einstellung ausgehe, in „ich-Form" rede, machte den Mann doch nachdenklich.

Wie sollen Glaubwürdigkeit, Vertrauen und Sicherheit – die Voraussetzungen für Leistungssteigerung – in anderen Menschen erwachsen, wenn ich vorwiegend von *mir* rede und davon, was ich von ihnen halte und ihnen zutraue. Das muss in ihnen selbst wachsen. Dabei müssen wir den Mitarbeitern helfen.

# VORBEREITUNG IST ALLES

Wir wollen eine Gesprächsmethode, einen Gesprächsablauf entwickeln, der dem Mitarbeiter hilft, sich selbst zu stärken und zu fördern. Das Gespräch gliedert sich in fünf methodische Schritte, die sukzessiv auszuführen sind. Zunächst bedarf es zum Verständnis und zur Ausführung der Methode einer Grundeinstellung, die Sie bitte mit der folgenden Übungsanleitung in Form einer starken Vorstellung herbeiführen wollen, bevor Sie in die Übung einsteigen. Mit der Übungsanleitung schaffen Sie die Voraussetzungen für das Gelingen der Qualifikationsgespräche.

Grundsätzlich müssen Mitarbeiter im Sinne des partnerschaftlichen Fairplay immer wissen, was auf sie zukommt und was sie erwartet. Nur dann haben sie eine Chance, dass Partnerschaft und Kooperation nicht einseitig bleiben. Spontane telefonische Zurufe („kommen Sie mal kurz zu mir“) sind unbrauchbare Verhaltensweisen, um ein Qualifikationsgespräch und auch sonst ein zielgerichtetes Gespräch zu führen. Vorbereitung gilt für beide Seiten, um erfolgreich zu fördern. Die in anderen Zusammenhängen als Persönlichkeitsvariable geschätzte und geforderte Spontaneität ist hier fehl am Platze.

Motivationsgespräche, Beurteilungen und regelmäßiges Lob sind die Grundlagen, auf denen eine wirkungsvolle Mitarbeiterförderung aufbauen kann. Insofern spüren Sie jetzt, was wir mit progressiver Wirkungssteigerung in der Einleitung gemeint haben: Nicht nur den Phasen- und Stufenaufbau der Trainingsveranstaltungen, sondern insbesondere auch die Wirkungsverflechtung und gegenseitige Unterstützung der einzelnen Methoden, so weit wir sie bis jetzt kennen gelernt haben und noch erfahren werden. Wir werden diesen Eindruck im Verlaufe des Kennenlernens und Trainings der anderen Methoden noch verstärken. Sie sollten zu Ihrer Sicherheit auch mit verschiedenen Mitarbeitern viele Lob- und Motivationsgespräche geführt haben. 20, 30, 50 und mehr solcher Gespräche mit verschiedenen Mitarbeitern in verschiedenen Situationen sind gute Übungsgrundlagen für die Methode der Mitarbeiterqualifikation, die wir jetzt entwickeln und begründen. Je intensiver Sie die Voraussetzungen praktizieren, desto konstruktiver können Ihre Verhaltensreflexe in der Mitarbeiterförderung sein.

Wenn Sie die Gesprächsabläufe studieren, lesen Sie bitte ergänzend dazu immer die Abschnitte „Kommentar“ und „Philosophie“. Sie erhalten dort weitere „Gebrauchsanleitungen“.

**Übungsanleitung: Vorbereitung**

Stellen Sie sich bitte bei den ersten Übungen einen Ihrer schlechteren Mitarbeiter, mit dem Sie nicht so recht zufrieden sind, den Sie aber fördern möchten, konkret und plastisch vor. Denken Sie intensiv an ihn.

Stellen Sie sich vor, Sie hätten vor einigen Tagen miteinander vereinbart, dass Sie sich in Ruhe über seine Entwicklung im Unternehmen unterhalten wollen.

Gehen Sie davon aus, dass Sie durch den Trainingsverlauf auch schon einige Motivationsgespräche und Beurteilungen durchgeführt hätten. Die Praxis des täglichen Lobes soll ebenfalls rege genutzt worden sein.

Die Übungen und jedes reale Gespräch müssen sorgfältig vorbereitet werden. Grundsätzlich muss der Mitarbeiter einige Tage vor Durchführung des Gesprächs von Ihnen darüber informiert werden. Auf diese Vereinbarung wird bei Eröffnung des Gesprächs kurz Bezug genommen. Sie sollten auch gemeinsam bereits eine gewisse Erfahrung im Umgang mit den kurzen Motivationsgesprächen und dem täglichen Lob gemacht haben. Natürlich sollten auch wenigstens eine Beurteilung und ein Gespräch darüber vorausgegangen sein. In der konkreten Durchführung ist intensive Erfahrung in der allgemeinen persönlichen Einstellungsübung „Anteil nehmen“ von fundamentaler Bedeutung.

Vorab führen wir Simulationen als „Trockenübungen“ durch, um Ablauf, Texte und Reaktionsweisen zu erlernen und zu testen. Gehen Sie dazu nach Übungsanleitung vor. Diese benutzen Sie bitte nur zu Übungsbeginn und, wenn Sie auch später zur Überprüfung und Festigung die Simulation als Trainingsmethode benutzen. Daher steht sie auch vorweg und außerhalb der anderen Übungsschritte. Sie erzeugen mit der Vorübung intensive Vorstellungen und ein erstes persönliches Anliegen. Es ist auch eine Einstellungsübung, sich gerade am Anfang mit einem Mitarbeiter zu beschäftigen, mit dem man im Großen und Ganzen nicht so zufrieden ist. Sie werden in diesem Fall rascher einen Fortschritt in der Wirkung Ihrer Bemühungen erreichen. Mit etwas Routine bereiten Sie natürlich das Gespräch zur persönlichen Qualifikation für jeden beliebigen Mitarbeiter, auch für den, mit dem Sie bereits hochzufrieden sind, vor.

| | |
|---|---|
| **1. Phase:** | **Positiver Einstieg** |
| **Text:** | Wir haben vergangene Woche vereinbart, dass wir heute in Ruhe über Ihre Situation und Entwicklung im Unternehmen sprechen wollen.<br>Wie lange sind Sie jetzt im Unternehmen?<br>Wie lange in der Abteilung?<br>Wie gefällt Ihnen Ihr Arbeitsplatz?<br>Und Ihre Aufgabe? |
| **Bestätigung:** | aller Antworten |
| **Übergang:** | unmittelbar zu Phase 2 |

# D DAS QUALIFIKATIONSGESPRÄCH

## Positiver Einstieg

Hauptziel ist zweifellos die Motivation des Mitarbeiters. Wozu? Kann man, muss man alles mit Motivation erreichen?

Es geht einfach wieder einmal darum, dass jeder Mensch, auch der Mitarbeiter, Anerkennung und Bestätigung sucht. Also geben wir sie ihm, aber systematisch und bewusst, wo und wann immer möglich und nutzen wir die daraus entstehende Aufgeschlossenheit, um die gemeinsamen Ziele zu erreichen!

Daher werden in Phase eins die Antworten und Aussagen auf den situativ positiven Gesprächseinstieg wohlwollend bestätigt. Wir stellen damit eine positive Grundstimmung, die Voraussetzung für jede weitere Zusammenarbeit, her. Hier sollen keine langen Dialoge und Diskussionen entfacht werden. Die Wirkung des Einstiegs liegt in der Kürze, Konsequenz und Prägnanz der Vorgehensweise. Darum ist es auch nicht sinnvoll, über die angegebenen Textbausteine hinaus bereits weitere Gesprächsanstöße zu geben. Das Gespräch würde sonst in der Eröffnungsphase bereits verwässern und abflachen.

Angesichts der Bedeutung dieses Gesprächs ist es besonders wichtig, dass der Mitarbeiter sich geistig und seelisch auf das Gespräch einstellen kann. Daher wird einige Tage oder wie hier im Textbaustein eine Woche vorher die Vereinbarung zum Gespräch getroffen. Auf diese Vereinbarung werden wir uns im konkreten Fall beziehen.

## Stärken erfragen

Die Einleitung dieser Phase (2) erfolgt durch unmittelbaren Übergang von Phase eins zum ersten Textbaustein. Zunächst hebt man das Selbstbewusstsein und die Selbsteinschätzung des Mitarbeiters auf ein hohes emotionales Niveau, indem man nach konkreten Erfolgen und mit Stolz belegten Leistungen eines konkreten Zeitraums fragt. Interessierte, ermunternde, anteilnehmende und ergänzende Fragen sind erlaubt. Sie sind manchmal auch bei Menschen, denen es schwer fällt, spontan über persönlichen Erfolg und Stolz zu reden, nötig. Aus den Frageimpulsen kann jetzt durchaus ein Dialog entstehen, in dem der Mitarbeiter sein Selbstwertgefühl konkret verbessern kann. Je motivierter und vertrauensvoller die Zusammenarbeit bisher gestaltet wurde, desto offener wird sich jetzt diese Phase gestalten lassen.

| **2. Phase:** | **Stärken erfragen** |
|---|---|
| **Text:** | Was ist Ihnen im Zeitraum ... besonders gut gelungen?<br>Und worauf sind Sie besonders stolz?<br>Wo sehen Sie Ihre Stärken in Bezug auf ...?<br>Was liegt Ihnen besonders gut?<br>Wie haben Sie das gesetzte Ziel erreicht?<br>Welche Maßnahmen haben Sie getroffen?<br>Warum ist das so gut gelaufen?<br>Wodurch könnten Sie Vorbild für Ihre Mitarbeiter/Kollegen sein?<br>Wie können Sie die Ergebnisse sichern? |
| **Bestätigung:** | bei Übereinstimmung<br>(Nicht-Übereinstimmung nicht beachten!) |
| **Übergang zu Phase 3:** | Einen positiven Punkt aus Sicht des Chefs nennen. |

Mit dem nächsten Komplex offener Fragen sprechen wir bewusst die persönlichen Stärken an, kommen also von der emotionalen Ebene zu einer gewissen Versachlichung in der Selbstdarstellung. Auch hier werden, wie vorher, durch regelmäßige Bestätigung, die positive Selbsteinschätzung, das Selbstvertrauen und der persönliche Mut im Dialog mit dem Chef weiter gefördert.

Die begonnene Linie, von starker emotionaler Befindlichkeit zur sachlichen Würdigung der persönlichen Stärken zu gelangen, wird im dritten Schritt fortgesetzt, indem wir nach den gesteckten Zielen und nach der Zielerreichung fragen. Durch die Art der Fragestellung wird stillschweigend die Zielerreichung unterstellt. Damit wird in den meisten Fällen wiederum eine starke Aufwertung der Person des Mitarbeiters erzielt, da er im Unterbewusstsein das Signal „mein Chef traut mir die Erfüllung der vereinbarten Ziele“ zu empfängt. Wichtig ist jetzt, dass nach den Gründen und Maßnahmen, die zur Zielerreichung geführt haben, gefragt wird. Begründungen und Reflexionen über getroffene Maßnahmen verstärken den bewussten und objektiven Umgang mit sich selbst und die persönliche Kritikfähigkeit. Und das wünschen wir uns ja gerade auch von qualifizierten Mitarbeitern.

Schließlich werden die erörterten Stärken untermauert, sozusagen „abgeriegelt“, indem nach den Möglichkeiten der Übertragung auf Kollegen und Mitarbeiter und nach Ergebnissicherung gefragt wird. Unter Umständen fallen hier sogar Anregungen und Ansätze für die Entwicklung innerbetrieblicher Bildungsmaßnahmen an.

Nach diesen Schritten innerhalb der zweiten Phase sollten Sie dem Mitarbeiter immer noch einen konkreten positiven Punkt sagen, den Sie im Zusammenhang mit dem Dialog als Stärke empfinden, möglichst kurz, in einem Satz gefasst. Damit werden Übereinstimmung, Aufgeschlossenheit und offene Zuwendung gestärkt, unabdingbare Voraussetzungen für ein kritisches Gespräch über Schwachstellen und Probleme. Dieser Punkt kann nicht genügend betont werden, weil in der Praxis immer wieder zu beobachten ist, dass man gerne nach abgehandelten Stärken schnell zur nächsten Phase wechselt. Offenbar eine traditionelle Gewohnheit, sich mit der Kompensation von Schwächen beim Mitarbeiter zu beschäftigen.

Es gibt leider auch Führungskräfte, die positive Zuwendung zum Mitarbeiter nur als Psycho-Trick benutzen, um auf diesem Vehikel leichter persönlich niedermachende Kritik zu transportieren. Die Auswirkungen in der Praxis sind entsprechend negativ. Um wirkungsvoll führen und fördern zu können, müssen wir vorher über unsere Einstellungen zum Menschen entschieden haben. Die Methode der Mitarbeiterqualifikation wird nur dann erfolgreich sein können, wenn wir die Dimensionen „Ehrlichkeit“, „Aufrichtigkeit“ und „Echtheit“ der Person auch gründlich für uns abgeklopft haben.

Das Verhaltensmerkmal „Echtheit“ der Person ist als eine von drei bedeutenden Variablen des Therapeutenverhaltens in die wissenschaftlich begründete klient-zentrierte Gesprächspsychotherapie nach Rogers eingegangen. Reinhard und Annemarie Tausch beschreiben die Verhaltensvariable „Echtheit-Kongruenz“ einer Person als „Übereinstimmung mit ihren eigenen Gefühlen, Erlebnissen und Gedanken“. Der Gegenpol „Unechtheit-Inkongruenz“ ist gegeben, wenn „eine Person ein äußeres Verhalten widersprechend zu ihrem inneren Erleben zeigt, wobei sie häufig eine Fassade zur Täuschung über ihr inneres Erleben errichtet“. Ungeheuer interessant sind die weiteren Feststellungen der Autoren, dass „so genannte professionelle Haltungen oder vorgespiegelter Perfektionismus“ häufig unechte Formen sind, „dass sie des Öfteren im Gegensatz zum inneren Erleben stehen.“ (Tausch, 1970, S. 398) Dieses wird bestimmten Personen und Funktionen im öffentlichen Leben in besonderem Maße zugeschrieben, zum Beispiel Trägern von Ideologien, Vertretern von imperativen Mandaten von Verbänden und Berufsständen. Aber auch das gespielte und perfektionierte Lächeln von Stewardessen und Fernsehansagerinnen entspricht häufig nicht den echten Einstellungen. Ganz augenfällig wird die Dimension „Unechtheit“ der Person bei Funktionären, Politikern und Diplomaten.

Die Perversität besteht darin, dass unechtes Verhalten bei den genannten Berufsgruppen sogar als erwünschte professionelle Haltung verstanden und geschult wird. Wen wundert es also, dass die Politik im Fühlen und Empfinden vieler Menschen immer unglaubwürdiger geworden ist?

Doch zurück zum Qualifikationsgespräch. Lernpsychologisch begründet, wird in Phase zwei durch die Bestätigungen die Tendenz verstärkt, verbalisierte Stärken beizubehalten und zu pflegen. Etwaige Nicht-Übereinstimmungen werden ganz einfach nicht bekräftigt, sondern kommentarlos, aber mit positiver Grundhaltung zur Kenntnis genommen. Dadurch wird die Wahrscheinlichkeit erhöht, dass die Inhalte der Nicht-Übereinstimmungen künftig weniger häufig auftreten werden. Die Führungskraft setzt also hier bereits erste Korrekturen am Mitarbeiterverhalten in Leistungssituationen. Wichtig ist es jetzt, beim Übergang zur nächsten Phase eine Stärke aus Sicht der Führungskraft zu nennen. Hier wird also nicht mehr gefragt. Das erhöht die Bereitschaft zur Kommunikation und Kooperation und untermauert die psychologische Bereitschaft und Legitimation, anschließend offen über Schwächen zu reden.

## Schwächen erfragen

Phase drei fördert die Bereitschaft, an den erkannten und bewusst verbalisierten Schwächen zu arbeiten, da bei Übereinstimmung ja auch regelmäßig bestätigt und Mut zur konstruktiven Beschäftigung damit gemacht wird. Das von traditionellen Verhaltensweisen abweichende Verhalten der Führungskraft liegt darin, keine Kritik im Umgang mit den Schwächen zu üben. Jedes traditionelle Kritikgespräch würde in diesem Zusammenhang den Lernprozess zur Verhaltensänderung behindern. Auch die Methode des professionellen Kritikgespräches hat hier keinen Platz.

| | |
|---|---|
| **3. Phase:** | **Schwächen erfragen** |
| **Text:** | leitende Fragen:<br>Haben Sie sich bei Ihrer Arbei auch schon mal über sich selbst geärgert?<br>Worüber?<br>Wann war das?<br>Waren Sie bei der Arbeit schon mal mit sich selbst unzufrieden?<br>Worüber?<br>Warum?<br>Was lief im Zeitraum … nicht besonders gut?<br>Wo waren Sie mit dem Resultat nicht zufrieden?<br>Sind Sie mit Ihrem Auftreten zufrieden?<br>Werden Sie von Ihren Mitarbeitern akzeptiert?<br>Folgefragen einblenden, um nachzuhaken:<br>Worin sehen Sie die Ursache?<br>Worauf führen Sie das zurück?<br>Wie konnte das geschehen?<br>Was haben Sie dagegen unternommen?<br>Wie könnte **ich** Ihnen dabei helfen? |
| **Bestätigung:** | bei Übereinstimmung |
| **Übergang:** | zu Phase 4 bei Nicht-Übereinstimmung; zu Phase 5 bei Übereinstimmung |

Die leitenden Fragen der Textbausteine vermitteln schon eine Progression im Dialog, die durch situativ einzublendende Folgefragen verstärkt werden kann. Zur Vertiefung und Perfektionierung empfiehlt sich ein intensives Training in wirkungsvoller Frage- und Diskussionstechnik.

Fragt man Menschen unmittelbar nach ihren Stärken oder Schwächen, kommt in der Regel aus verschiedenen Gründen nichts Gescheites heraus. Politiker weichen bei solchen Fragen gerne mit dem Statement „das müssen Sie andere fragen" aus, weil auch ihnen eine unmittelbare Stellungnahme zu solch persönlichen Fragen unangenehm ist.

Daher setzt die Fragetechnik mit offenen Fragen bei persönlichen Befindlichkeiten in Situationen und Ereignissen an, um das Gespräch über negative Sachverhalte zu öffnen. So empfehlen sich Fragen nach Unzufriedenheit und Ärger über sich selbst, um dann versachlicht nach negativen Ergebnissen und nach Akzeptanz im Umfeld zu fragen. Auch hier ist also wieder die Progression im Gesprächsablauf zu beachten.

Bei Nicht-Übereinstimmung zwischen Führungskraft und Mitarbeiter wird die Phase vier unmittelbar an Phase drei angeschlossen, aber nur dann. Bei übereinstimmenden Sichtweisen wird nach Phase drei unmittelbar zu fünf übergegangen.

## Konfrontation

Wir haben uns schon damit vertraut gemacht, dass die Konfrontation in Phase vier nur dann eingeschoben wird, wenn in Phase drei keine Übereinstimmung aus der Sichtweise der Führungskraft erzielt wird. Es handelt sich also um eine eventuelle Einschubphase, die von der Realität ausgeht, dass nicht immer erwünschte Sichtweisen vom Mitarbeiter vorgetragen werden. Häufig ergehen sich Menschen bei Erkenntnis von Fehlern, Schwächen und Abweichungen von der Zielsetzung auch in fadenscheinigen Rechtfertigungen und Ausreden. Und dem dürfen wir natürlich nicht aufsitzen.

Dabei haben wir ja schon erfahren, wie wenig diese durchaus üblichen Verhaltensweisen in zielorientierten Prozessen, aber auch im allgemeinen Zusammenleben von Menschen helfen: Mit Rechtfertigungen stehen wir uns nur selbst im Wege. Mit Ausreden ist es noch schlimmer. Sobald wir in Ausführung unseres Qualifikationsgesprächs in dieses Fahrwasser geraten, ist die Methode der Konfrontation angebracht. Es ist im Grunde eine nondirektive Methode des Nachfragens. Der Gesprächspartner wird zur weiteren Reflexion und Begrün-

| | |
|---|---|
| **4. Phase:** | **Konfrontation** |
| **Text:** | Sie würden also sagen, dass das normal ist?<br>Hat Sie das nicht geärgert, dass ...?<br>Ist Ihnen nicht aufgefallen, dass ...?<br>Denken Sie doch bitte mal an ...<br>Ist das im Interesse unserer Firma, wenn ...?<br>Finden Sie das in Ordnung, dass ...?<br><br>Das ist ein wichtiger Punkt, meine ich. Überlegen Sie mal weiter, wir sollten in x Tagen wieder darüber sprechen. |
| **Bestätigung:** | bei Übereinstimmung |
| **Übergang:** | zu Phase 5 |

dung seiner Äußerungen aufgefordert und schafft dadurch neues Bewusstsein und neue Haltungen.

Die Textbausteine geben Anhaltspunkte zur Technik der Konfrontation, sozusagen im Blitzkurs. In „Die Konfrontation" beschäftigen wir uns ausschließlich und intensiv mit der Methode. Allerdings geht es dort inhaltlich um den wirkungsvollen Abbau schlechter Gewohnheiten.

Durch eine grundlegend positiv-tragende Grundhaltung im Gesprächsablauf mit aktiv dokumentierter Wertschätzung wird der Mitarbeiter in der Regel die Konfrontation in dieser Phase positiv und konstruktiv verstehen und aufnehmen. Es geht ja nicht um aggressiv-emotionale Konfrontation, sondern um die sachliche Gegenüberstellung durch Hinterfragen abweichender Sichtweisen. Die Fragetechnik fördert wiederum das aktive Nachdenken.

## Konkrete Zielvereinbarung

In Phase fünf werden die konkreten Handlungsziele für die nahe Zukunft festgelegt und vereinbart. Der Mitarbeiter wird sie akzeptieren und realisieren, weil sie weitestgehend sein Werk sind und seiner Vorstellung entspringen. Die Leistungssteigerung ist also, wenn in den Vereinbarungen konkret definiert, vorprogrammiert.

| | |
|---|---|
| **5. Phase:** | **Konkrete Zielvereinbarungen** |
| **Text:** | Wo sehen Sie Möglichkeiten zur persönlichen Verbesserung?<br>Was nehmen Sie sich jetzt für die nächste Zeit (Zeitraum konkret benennen) vor?<br><br>Und wie wollen Sie jetzt die weitere Entwicklung sicherstellen?<br><br>Welche Ziele nehmen Sie sich vor?<br>Was schlagen Sie für die Zukunft vor?<br>Fixierung schriftlich mit Terminierung. |

Im ersten Abschnitt dieser Phase geht es darum, dass der Mitarbeiter seine Sichtweise auf Verbesserungsmöglichkeiten entwickelt und konkret vorgibt, was er nach seiner Vorstellung in welchem Zeitraum schaffen und gestalten will.

Dann kommt die Frage nach dem „wie“: Wir lassen die Vorstellungen konkretisieren, indem wir nach den Methoden, den Mitteln, der Art und Weise fragen, mit denen der Mitarbeiter die vorgestellten Maßnahmen realisieren will.

Schließlich werden konkrete Ziele formuliert, die später auch einer Kontrolle zugänglich sind.

Auch in diesem Ablauf erkennen wir unschwer die Progression der Wirkung: Der Mitarbeiter legt sich, durch die Führungskraft angeregt und gelenkt, immer konkreter mit eigenen Vorstellungen fest. Die Frage nach Vorschlägen für die Zukunft beziehen sich darauf, weitreichende Vorstellungen, Perspektiven und Visionen vom Mitarbeiter zu erfahren und zunächst aufzunehmen, um sie in späteren Gesprächen wieder zu thematisieren.

Die gemeinsame schriftliche Fixierung in Form eines Kurzprotokolls ist ein wichtiger letzter Schritt, zu dem man sich auch die Zeit nehmen sollte. Sind konkrete Vereinbarungen getroffen und fixiert, fällt jede terminliche, inhaltliche und erfolgsorientierte Kontrolle leichter.

# PHILOSOPHIE

Sie haben bereits erkannt, dass es wieder um die alles bestimmende Motivation des Mitarbeiters geht. In der Tat, es handelt sich um ein ausgesprochenes, wenn auch inhaltlich sehr spezielles, Motivationsgespräch. Es ist sogar das methodisch am meisten ausgeformte Motivationsgespräch überhaupt. Nach einem situationsbezogenen positiven Einstieg geht es in zwei Schwerpunkten um die Besprechung der Stärken und Schwächen des Mitarbeiters aus seiner persönlichen Sicht. Und das ist hier zunächst wichtig, um die aktive Mitarbeit zu sichern. Insofern schlägt diese Methode in Verbindung mit der idealen Anweisung jedes formale Mitbestimmungskonzept, das heute auf dem Markt von Politik und Wirtschaft gehandelt wird. Je mehr der Mensch motiviert, in Prozesse gestaltend einbezogen ist, desto größer ist seine Wirkung. Die Wirkung der Methode fassen wir in folgenden programmatischen Statements zusammen:

- Leistungssteigerung durch Mitwirkung und Mitverantwortung.
- Spezielle Leistungsmotivation des Mitarbeiters.
- Der Mitarbeiter soll sein Bild von sich zunächst selbst entwerfen!
- In jedem Mitarbeiter steckt ein potenzieller Weltmeister.

Der Kern der Methode besteht darin, den Mitarbeiter im Verlaufe des Gesprächs sein Bild von sich bezüglich seiner Stärken und Schwächen zunächst selbst entwerfen zu lassen. „Zunächst" deswegen, weil deutlich geworden ist, dass wir nicht alles akzeptieren, was der Mitarbeiter äußert, sondern dass es auch Sichtweisen geben kann, mit denen wir nicht übereinstimmen müssen.

Außerdem ergehen wir uns ja nicht in allgemeinen Stärken und Schwächen, sondern beziehen diese auf konkret umschriebene, zurückliegende Leistungssituationen und -zeiträume. Die dort gezeigten Stärken werden durch Bekräftigung verstärkt. Unter lerntheoretischer Sichtweise wird die Auftretenswahrscheinlichkeit solcher Verhaltensweisen in ähnlichen Kontexten situativ verstärkt. Die Verbalisierung von konkreten situativen Schwächen führt durch innere Prozesse der Reflexion, Bewusstwerdung und Rationalisierung ebenfalls zu Verhaltens- und Leistungsänderungen. Dies wird durch selektive Bekräftigung gefördert und verstärkt. Schließlich wird in Phase fünf über konkrete Veränderung und Verbesserung der persönlichen Leistung gesprochen. Es werden neue Ziele formuliert und fixiert und Visionen für die Zukunft entwickelt.

# VORSICHT – FUSSANGELN

Trotz der Eleganz und Brisanz der Methode gibt es auch Gefahren, die im Ablauf des Gesprächs lauern und es trotz aller Systematik zum Scheitern bringen können. Eine grundsätzliche Gefahr kommt von der Führungskraft selbst. Sie neigt im Allgemeinen dazu, dem Mitarbeiter die Rosinen, die Stärken, die sie über ihn wohlmeinend im Kopf hat, vorwegzunehmen, weil sie ihm gerne zeigen möchte, wie sehr sie ihn schätzt. Vielleicht möchte sie den Mitarbeiter auch mit Lob überschütten, um ihn „aufzuschließen".

Damit wäre die Grundphilosophie der Methode, den Mitarbeiter sein Bild über sich zunächst einmal selbst zeichnen zu lassen, weil ihm seine eigene Idee 1000-mal lieber ist, als die beste Idee des Chefs, natürlich verlassen. Das Gespräch liefe in die herkömmliche, falsche Richtung. Man muss sich also energisch von alten Gewohnheiten als vermeintlich starke Führungskraft distanzieren und sich zurückzunehmen lernen. Die Stärke als Führer liegt hier nicht in einer besonders direktiven, sondern in nondirektiver Vorgehensweise durch geschickte und öffnende Fragetechnik. Überhaupt muss in besonderer Weise die offene, kreative Fragetechnik benutzt werden, um zum Ziel zu gelangen. Sie spielt generell eine große Rolle in allen Methoden, wie wir schon festgestellt haben.

Man muss im Einzelfall auch damit rechnen, dass der Mitarbeiter bei den ersten Fragen nach Stärken oder Schwächen antwortet: „Chef, sagen Sie doch mal zuerst, was Sie für 'nen Eindruck von mir haben ..."

Hier muss man als Führungskraft konsequent in der Methode bleiben, beispielsweise mit Antworten dieser Art: „Was ich beobachtet habe, meinen Eindruck, sage ich Ihnen gerne nachher. Zunächst möchte ich einmal Ihre Sichtweise hören."



Dabei wiederholen wir die zuvor gestellte Frage ruhig, sachlich und mit Zuwendung noch einmal. Damit dürfte das Gespräch immer seinen positiven Fortgang nehmen. Überhaupt sollte man nicht so ängstlich sein mit Erwartungen, dass der Mitarbeiter „falsch" oder unerwartet reagieren könnte oder nicht mitmachen will. Der Ablauf wird mit etwas Übung so natürlich, aufgeschlossen und zugewandt erlebt, dass sich eigentlich jeder Mensch in solchen Gesprächen öffnet, wenn er das nötige Maß an Bestätigung und Anerkennung erfahren kann. Bei diesen, wie bei allen anderen Gesprächsmethoden, spielt die schon behandelte Verhaltensdimension „Echtheit der Person" eine gewaltige Rolle. Wenn Sie nur

Methode spielen, wie ein schlechter Schauspieler seine Rolle, dann werden Sie nichts gewinnen. Wir müssen durch Training die Methoden leben lernen.

Allgemein menschliche Schwächen können unser System ebenfalls leicht stören. Manche reden nicht gerne über ihre Stärken, empfinden das als unbescheidene Herausstellung oder peinliche Angeberei. Es gibt auch Chefs, die sprechen lieber über die Schwächen ihrer Leute und meiden deren Stärken. Oder es besteht die Neigung, nur nach einer Stärke, aber nach fünf Schwächen zu fragen. Besser wäre das Verhältnis umgekehrt. Motivation, Selbstbewusstsein und Verantwortungsbereitschaft werden eher gestärkt. Außerdem kann der Mitarbeiter in einer Woche ohnehin höchstens nur eine oder zwei Schwächen bewusst bearbeiten und in seinem Verhalten ändern.

## ANWENDUNGSHINWEISE

Elegant läuft die Methode ab, wenn Sie sich intensiv bemühen, nach Besprechung der Stärken durch den Mitarbeiter und vor dem Übergang zur Phase drei noch einen wichtigen positiven Punkt, eine bedeutende Stärke aus Ihrer Sicht als Führungskraft zu ihm sagen zu können. Zur Vorbereitung helfen uns die Methoden „Anteil nehmen" und die Auswertungen aus den Beurteilungsgesprächen sehr gut.

Natürlich muss sich um die leitenden und beispielhaften Textstrukturen, die man zunächst auswendig lernen und um weitere, inhaltsgleiche ergänzen kann, ein lebendiger Dialog in Frageform entwickeln. Die Qualifikationsgespräche dauern länger als die anderen Methoden. Mit einiger Übung brauchen Sie, gut vorbereitet, ca. 20 Minuten für ein gelungenes Gespräch. Sie sollten 40 Minuten jedoch nicht überschreiten, da sonst Aufnahmefähigkeit und Konzentration beiderseitig erlahmen. Es geht ja auch nicht um lange Diskussionen, sondern um effektive und in der Zielsetzung streng definierte Gesprächsbausteine. Außerdem sollen Systematik und Kürze unserer Methoden auch den Erfolg des Zeitgewinns fördern, der dem manchmal gehetzten Manager anderweitig zugute kommt.

Bleibt noch eine Frage offen: Wann kann man ein Qualifikationsgespräch führen? Da gibt es viele Anlässe und Situationen: nach jeder gemeinsamen Arbeit, Projekten, Auftragsabwicklungen, Messen, Aktionen und zur Vorbereitung von Beförderungen. Es sind also speziellere Anlässe, als das für die anderen, bisher kennen gelernten Methoden gilt.

Wir können die Methode auch bei Bewerbungsgesprächen benutzen. Sie werden sich wundern, wie schnell und effektiv Sie mit einem Bewerber „zum Punkt“ kommen. Führen Sie Phase eins ganz einfach sinngemäß so ein: „Sie waren x Jahre bei der Firma Muster GmbH. Was waren dort Ihre Erfolge? Wie können Sie diese bei uns einbringen?“ Schon sind Sie mitten in der konkreten Selbstdarstellung und werden schnell Substanz erkennen, die Sie zum Vorteil Ihrer Firma oder Organisation verwerten können. Oder Sie stellen bald fest, dass Sie besser die Finger von dem Bewerber lassen, weil wenig Konkretes und viel heiße Luft kommt. Versuchen Sie sich einmal den Ablauf eines Bewerbungsgesprächs mit dieser Methode vorzustellen. Oder besser, probieren Sie es nach einiger Übung gleich in praxi aus. Sie werden mehr erfahren und ein besseres Bild bekommen, als nur aus dem Studium der Bewerbungsunterlagen, denn Sie haben im Grunde die verbal komprimierte Form eines personal-assessment.

In den Trainingsseminaren üben wir die Methode in Partnersimulationen und Rollenspielen. Abschließend führen wir Simulationen der Trainingsteilnehmer vor dem Plenum durch. Das Plenum übernimmt dabei, mit entsprechenden Protokollunterlagen versehen, die Aufgabe der Beobachter, um Lern- und Behaltenseffekte kritisch zu reflektieren, zu diskutieren und zu stabilisieren.

Nach der Auswertung frage ich dann mit sokratischer Technik: „Was meinen Sie, was kann man mit diesem Gespräch erreichen?“ Häufig kommt die Antwort: „Der Mitarbeiter denkt über sich selbst nach.“ „Was wird ihm dabei bewusst?“, frage ich weiter. „Er erkennt seine Stärken und Schwächen“, lautet folgerichtig die Antwort. „Und der Chef, erkennt der auch etwas?“, meine nächste Frage. „Der erkennt vielleicht auch seine Stärken und Schwächen.“ „Und wohin führt das, wozu ist das gut?“, frage ich, viel sagend lächelnd. „Der Mitarbeiter wird sich seiner Stärken noch bewusster.“

Das ist der eine Effekt der Vorgehensweise. Der andere ist: Der Mitarbeiter erlebt eine ehrliche, offene Einstellung des Chefs. Umso mehr ist jener bereit, sich zu öffnen. Er erlebt aktive Hilfe. Der Chef erkennt andererseits leichter die Vorstellungen des Mitarbeiters und lernt ihn noch besser kennen.

**Merkkarte Mitarbeiterqualifikation/Vorderseite**

**Mitarbeiterqualifikation** **Methode**

- Positiver Einstieg
- Stärken erfragen
  - Bestätigung bei Übereinstimmung
  - Ein positiver Punkt vom Chef
- Schwächen erfragen
  - Bestätigung bei Übereinstimmung
- Konfrontation
  - Bei Nichtübereinstimmung in Phase 3
- Konkrete Vereinbarung

**Merkkarte Mitarbeiterqualifikation/Rückseite**

**Mitarbeiterqualifikation** **Philosophie**

- Spezielle Leistungsmotivation des Mitarbeiters
- Förderung der Stärken und Abbau der Schwächen
- In jedem Mitarbeiter steckt ein potenzieller Weltmeister
- Den Mitarbeiter sein Bild von sich zunächst selbst entwerfen lassen.

## Merkblatt zur Mitarbeiterqualifikation

- Ein Mitarbeiter-Qualifikationsgespräch (MQG) ist
  – kein Kritikgespräch
  – kein Tadelgespräch
  – kein Kontrollgespräch
  Es ist ein klassisches, zielgerichtetes Motivationsgespräch
- Das MQG hat eigene Gesetze und besondere Bedingungen:
  – Qualifikation ist immer Ernstfall
  – Qualifikation ist Motivation und Selbstbestimmung
  – Qualifikation verlangt hohe Anforderungen und psychologisches Geschick
- Das MQG ist immer ein Grundsatzgespräch
  – Wirtschaftlichkeit schließt Menschlichkeit nicht aus
  – Praktische Übung ist erforderlich
  – Chefs und Mitarbeiter lernen konsequentes Verhalten
- Warum MQG?
  – Gesamtleistung und Interaktion werden gefördert
  – Subjektive, oft negative Vorstellungen werden abgebaut
  – Sachprobleme verringern ihre hemmende Wirkung
  – Das Chef-Mitarbeiter-Verhältnis wird transparenter
  – Der Mitarbeiter registriert, wie er im Unternehmen gesehen wird
  – Der Mitarbeiter lernt sich selbst besser einzuschätzen
  – Das Gespräch ist persönliche Förderung und Persönlichkeitsaufbau
- Welche Voraussetzungen sind wichtig?
  Zeit haben, ungestört sein, Konzentration, positive Einstellung, Offenheit, Ehrlichkeit, Echtheit der Person, Objektivität, Interesse, Sachlichkeit, Disziplin, Vorbereitung, persönlicher Mut, Flexibilität, Anteilnahme, Achtung vor dem Menschen, Dialogbereitschaft, Verständnis, Wahrheit, Aufrichtigkeit, Takt, Klarheit, Transparenz, Vertrauen, Entschlussfreudigkeit

# Das Lob und die Anerkennung

## TÄGLICH BEWUSST LOBEN

An dieser Stelle möchte ich einmal die etwas abwegig wirkende Frage in den Raum stellen: „Kontrollieren Sie eigentlich gerne?“ Es geht nicht um die Frage, ob Sie Kontrolle für wichtig halten. Niemand kontrolliert eigentlich gerne, weil Kontrolle immer ein unbequemes Gefühl hinterlässt, vor allem wenn Menschen Objekte der Kontrolle sind. Für viele Chefs ist Kontrolle aber eine Stichprobe. So wird sie auch durchgeführt: überraschend und als Jagd auf Fehler.

Gute Kontrolle indes heißt kontrollieren, um einen Anlass zum Lob zu finden. Es geht hier um die Einstellung dazu. Und damit sind wir mitten im Thema Lob und Anerkennung. Damit meinen wir nicht materielle Anreize, Geschenke, Incentives, Belohnungen, Prämien. Nein, es geht schlicht um die zumeist verbal ausgedrückte Form der menschlichen Anerkennung.

Was ist beim Lob, bei der Anerkennung so wichtig? Es gibt zwei Dimensionen am Lob: Einmal benötigen wir die Einstellung zum Lob. Welchen Grund habe ich als Chef, einen Mitarbeiter zu loben? Wenn ich sagen kann „weil ich ihn mag, weil er mein Mitarbeiter ist“, dann habe ich einen Grund. Kann der Grund auch zugleich das Ziel sein? Wenn ich ihn deswegen aber weiter fördern will, dann habe ich auch gleich das Ziel. Dann sind Grund und Ziel identisch. Wenn diese Einstellung nicht da ist, dann kann ich das beklagen oder mich durch Übung darum bemühen. Da das menschliche Lob aber eine ausgesprochene Gefühlsqualität hat, geht ohne die positive gefühlsmäßige Einstellung zum Mitarbeiter gar nichts. Und wiederum greift auch hier die Bedeutung der Dimension „Echtheit der Person“.

Andererseits braucht es eine Methode, eine Art und Weise, einen Weg. Wie soll man richtig oder wirksam loben? Nur, die ist nicht so wichtig wie in den anderen Trainingsbereichen. Reine Lobtechnik jedenfalls ist schlimm. Insofern

Abb. 6 **Seiltänzer**

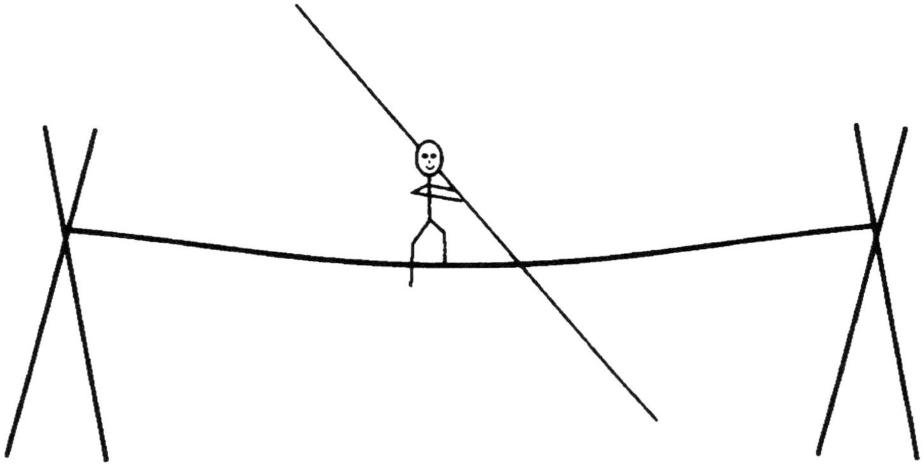

ist eine Methode des richtigen Lobens gar nicht so wichtig. Diese Kunst ist allein eine Frage der Einstellung zum Mitarbeiter. Und deswegen sind auch die vorbereitenden Kapitel zur Standortbestimmung, zur Anteilnahme, zur positiven Einstellung so immens wichtig. Hier kommen sie zum Tragen.

Lob muss ein Bedürfnis sein und spontan erfolgen. Das unterscheidet diese Methode von allen anderen. Es ist eine atypische Methode, die einfach eine dauerhaft bessere Einstellung zum bewussten Lob herbeiführen und weniger einen sukzessiven Gesprächsablauf simulieren soll, wie wir das bei den anderen Methoden kennen. Daher benutzen wir zum Training auch gleich die Merkkarte, ohne die Methode in extenso zu erarbeiten.



*Vielleicht wird auch durch zu viel Lob und Anerkennung gelegentlich ein Mensch arrogant! Aber ganz sicher geht jede Minute etwas Gutes aus Mangel an Lob zugrunde.*

Ein Problem müssen wir klar erkennen. Stellen Sie sich vor, ein Verkäufer kommt mit einem Auftrag über einen stolzen Betrag vom Außendienst zurück. Was wird in der Regel gelobt? Die Auftragshöhe, der Umsatz: „Ein toller Auftrag!" Meistens wird die Sache gelobt. Und das geht daneben, denn der Mensch steht mit seinen Gefühlen abseits. Der Mitarbeiter will hören und spüren, dass er toll war oder ist, er will anerkannt werden für den Einsatz, das Engagement, die Ausdauer, das Geschick, für seine Fähigkeiten bei der Überwindung von Schwierigkeiten … Der Mensch, nicht die Sache sollte daher gelobt werden. Das heißt, wir müssen aufpassen, dass wir nicht am Mitarbeiter vorbei loben.

Was erwartet der Hochseilakrobat (siehe Abbildung 6) nach vollbrachter Leistung? Dank oder Applaus? Natürlich Applaus! Und das entspricht der Bedürfnisqualität bei allen Menschen. Für wahrhaft große, aufregende Leistungen erwartet man keinen Dank, sondern die persönliche Anerkennung. Und wenn gedankt werden muss, dann mit Begründung.

Auch Mitarbeiter wollen bewundert werden! Und da liegt der Schlüssel zur Wirkung von Lob. Führungskräfte und Stars in Politik, Wirtschaft und im Show-Geschäft genießen es regelmäßig, bewundert zu werden. Nur, wer bewundert unseren Mitarbeiter? Gewiss, für gelegentliche Spitzenleistungen, besondere Aufopferung für die Firma und bei Jubiläen gewähren wir ihm schon einmal bewusste Anerkennung. Aber wie sieht es mit seiner alltäglichen Arbeit aus? Die ist selbstverständlich und so gehen wir auch tagtäglich damit um.

Wir müssen zunächst einmal lernen, den Wert alltäglicher Arbeit höher einzuschätzen und anzuerkennen, dann haben wir auch gengüend Möglichkeiten zur regelmäßigen Förderung durch Lob. In einem solchen wohltemperierten und wohldosierten „Bad“ von Lob und Anerkennung können Mitarbeiter gedeihen und zu Höchstleistungen auflaufen. Übrigens: Wir erreichen durch Lob keine unmittelbar höhere Leistung. Höchstwahrscheinlich aber eine höhere Bereitschaft zur Leistung und zur Leistungssteigerung.

Wir haben vorhin schon die Gefahr des Am-Mitarbeiter-Vorbeilobens angeschnitten, die dann besteht, wenn wir die Sache loben, anstatt den Menschen, die Person. Aber auch dann gibt es noch ein verbreitetes Problem. Es gibt Belobigungen aus besten Absichten. Und dennoch kann man beobachten, dass sie am Mitarbeiter spurlos oder sogar negative Spuren hinterlassend vorbeigehen.

Ein Trainingsteilnehmer, Führungskraft eines Dienstleistungsbetriebes, berichtete eines Tages in der Praxisauswertung, er habe das Lob sehr intensiv und bewusst nach dem Training eingesetzt und erprobt, aber Schiffbruch erlitten, beziehungsweise die erwartete Wirkung nicht erreicht. Natürlich bat ich ihn zu schildern, wie er die Methode denn angewandt hätte. „Nun“, schilderte er, „ich habe ganz einfach auf besondere Leistungen geachtet und habe dafür einmal persönliches Lob erteilt und dann, um die Anerkennung noch zu verstärken, das auch vor den anderen Mitarbeitern herausgestellt.“

**Lob und Anerkennung** **Situative Fragen**

„Was war besonders schwer an der Durchführung des Projekts?“

„Wie haben Sie dieses Ergebnis erreicht?“

„Wie ist Ihnen das so gut gelungen?“

„Worauf haben Sie besonderen Wert gelegt?“

„Welche persönlichen Vorbereitungen mussten Sie treffen?“

„Gab es unterwegs auch größere Schwierigkeiten? Was unternahmen Sie zur Überwindung?“

Wir sind dann analytisch die Methode anhand der Merkkarte durchgegangen. Es stellte sich heraus, dass fast alle Gesichtspunkte der Anleitung zum bewussten Lob offensichtlich erfüllt waren. Lediglich der zweite Punkt schien nicht genügend beachtet worden zu sein: Es war nicht festgestellt worden, wofür und auf welche Art und Weise der Mitarbeiter jeweils gelobt werden wollte. Die gegenseitige Herausstellung schien bei den meisten Innendienstmitarbeitern des Teilnehmerbetriebs nicht beliebt oder nicht geläufig zu sein, denn sie reagierten darauf nicht positiv. Die Auswertung der persönlichen verbalen Lobaussagen ergab außerdem möglicherweise „aufgesetztes“ Lob aus einseitiger Sicht und Bedürfnislage des Chefs.

Die Methode „bewusst loben“ kann also zur Lobtechnik degenerieren und die Erfolge vereiteln, wenn wir nicht gründlich mit den Mitteln „Anteil nehmen“ gearbeitet, die Dimension „Echtheit der Person“ nicht abgeklopft haben und nicht genau wissen, für welche Art und Inhalte des Lobes der Mitarbeiter persönlich in seiner Persönlichkeits- und Bedürfnisstruktur empfänglich ist.



Situativ können wir uns ebenfalls helfen, auch wirklich „ankommendes“ Lob zu praktizieren, indem wir im Gespräch aufmerksam zuhören und erfragen, wie und wofür der Mitarbeiter gelobt werden möchte, worauf er selbst auch stolz sein kann. Wir können diese Kenntnisse auch erschließen, beispielsweise mit Fragen wie in der obigen Tabelle.

Durch Fragestellungen dieses Typs erschließen wir indirekt aus den Äußerungen des Mitarbeiters, für welche Leistungen er besondere Anerkennung aufnehmen würde, worauf er besonders stolz ist. Jede Saite braucht zum Klingen einen Resonanzboden, ein Saatkorn muss zum Gedeihen auf fruchtbaren Boden fallen, Bakterien brauchen zur Vermehrung eine Nährlösung. So dürfen wir auch nicht grundlos, ziellos und nicht ohne Methode loben, wenn wir Lob als Führungsmittel erfolgreich einsetzen wollen.

### Merkkarte Lob und Anerkennung/Vorderseite

**Lob – Anerkennung** **Methode**

Den Menschen, nicht die Sache loben.

Bevor wir loben: Hören, erfragen, wie und wofür der Mitarbeiter gelobt werden will.
Was war schwer? Wie haben Sie das erreicht? Wie ist Ihnen das so gut gelungen?
Worauf haben Sie besonderen Wert gelegt?

Freundlicher Blickkontakt.

Mehr gratulieren, weniger danken.
Wenn Dank, dann mit Begründung.

### Merkkarte Lob und Anerkennung/Rückseite

**Lob – Anerkennung** **Philosophie**

Täglich bewusst loben.

Hände kann ich kaufen – Herzen will ich gewinnen.

Lob ist eine Münze, die auch mich bereichert, wenn ich sie ausgebe.

Lob ist Supertreibstoff für Hochleistungsmotoren.

# Die Kritik

## NEUE ARBEITSVORBEREITUNG

Leider wird auf dieser Welt durch Kritik viel Verunsicherung ausgestreut. Lehrer und Erzieher verunsichern Kinder im Lernprozess. Das Ergebnis sind demotivierte, lernunlustige Kinder mit Null-Bock-Haltung. Ausbilder verunsichern Lehrlinge, sprich Auszubildende. Chefs und Vorgesetzte verunsichern ihre Mitarbeiter und wundern sich über Leistungseinschränkung. Auf wissenschaftlichen Symposien gehört es zum guten Ton, neben der Auseinandersetzung über objektive wissenschaftliche Sachverhalte den Kollegen mit Fangfragen zu verunsichern. Politiker gebrauchen Verunsicherung gegenüber Kollegen, aber auch gegenüber ihrem Auftraggeber und Zahlmeister, dem Bürger. Verwaltungs- und Politikspitzen setzen diese Gewohnheit auf scheindemokratischen Bürgeranhörungen fort, um Argumente und Fragen der Bürger letztendlich unter den Tisch zu kehren.

So gibt es auch überall um uns herum die Kritik meistens als verunsichernde Kritik. Nur wenige Menschen bemühen sich um konstruktive Kritik. Kritik ist aber notwendig, wenn festgestellt wird, dass irgendwo Fehler aufgetreten sind und verbessert werden müssen. Dann setzt traditionelle Kritik ein, von mehr oder weniger höflich-freundlich bis aggressiv-vernichtend. Es wird auf der Beanstandung herumgeritten, bis das Klima verpestet ist und der Mitarbeiter erst einmal mit Groll weg und wieder an die Arbeit geht. Kritik schafft also meistens Stimmungstiefs und negative Gefühlslagen. Wen wundert es, dass Leistungseinbußen die Folge sind? Noch weniger wird kreative und leistungsorientierte Arbeit möglich sein. Sie wird eher gehemmt und blockiert

Um bewusst werden zu lassen, dass die Gewohnheiten herkömmlicher, meist vernichtender Alltagskritik auch in den Köpfen professioneller Führungskräfte existieren, erfolgt in den Trainingsveranstaltungen immer eine brisante Vorübung, die man nur in der Gruppe wirkungsvoll demonstrieren kann. Es gibt insgesamt drei Übungsstufen mit simuliertem progressivem Situationsverlauf.

Es geht dabei darum zu erkennen, wie oft und intensiv ein Mangel an konkreter Information und Kommunikation Mitarbeiter geradezu „ins Messer“ vernichtender, erniedrigender Kritik laufen lässt. Die Anlässe für Kritik werden oft durch die Art und Weise, mit der Aufträge und Aufgaben an Mitarbeiter vergeben werden, auf einen negativen Weg gebracht. Oberflächlich und im Vorbeigehen erteilte Anweisungen müssen zu ungewollten Fehlern führen, vor allem wenn die Ziele nicht klar und präzise abgestimmt sind.

Im Verlauf der Übung wird auch deutlich, wie entscheidend die Gewichtung von Aufträgen an Mitarbeiter ist, dass es darauf ankommt, sehr wichtige Aufgaben auch mit der entsprechenden Bedeutung zu vergeben und insbesondere alltäglichen, selbstverständlichen Arbeiten Gewicht und Ansehen zu verleihen.

Gerne erinnere ich mich in diesem Zusammenhang an eine Episode, die ich als junger Werkstudent erlebte. Ich hatte mich um einen Hilfsjob in einer renommierten Anwaltskanzlei in Wiesbaden beworben. Zunächst wurde ich vom Büroleiter gebeten, Platz zu nehmen und mich einen Moment zu gedulden, da Herr Dr. XY noch ein Gespräch habe. Ich sollte vorab den Personalbogen ausfüllen, was ich denn auch geflissentlich tat. Dann kam der Herr Anwalt, ein älterer, rundlicher Mann, persönlich ins Wartezimmer, begrüßte mich freundlichst, nahm mich mit in sein Arbeitszimmer und erklärte mir, nach einigen Fragen zu meiner Person und Ausbildung, sehr gewichtig und höchstpersönlich meine künftige Aufgabe: Ablagen und Terminvorlagen im zentralen Aktenarchiv ausführen. Eine geistig und körperlich wahrlich wenig belastende und beanspruchende Arbeit.

Aber der Chef verstand es auf eindringliche Art und Weise, mir die enorme Wichtigkeit von Klientenakten und Terminvorlagen für das Wohl der Kanzlei und der Anwälte zu vermitteln, dass ich von der zentralen Bedeutung meiner Aufgabe stolz erfüllt war. Dann zeigte mir der Anwalt noch persönlich das Archiv, bis zur Decke mit gebündelten Akten gefüllt, meinen Arbeitsplatz und übergab mich mit festem Händedruck dem hauptamtlichen Aktenarchivar zur praktischen Einweisung. Ich hätte nie geglaubt, dass ich der Ablage und Wiedervorlage von Akten, gebündeltem Papier, teilweise durch Jahrzehnte vergilbt, eine solche Aufmerksamkeit und Zuwendung hätte schenken können. Der Chef hatte es mit Geschick erreicht, einer alltäglichen Hilfsaufgabe hohe Bedeutung zu verleihen, damit die Arbeit und die Ausführenden aufgewertet. Der Fuchs wusste nur zu gut, dass er mit diesem Führungsprinzip hohe Leistung erwarten konnte. Das schafft Bewusstsein, Bewusstsein fördert Konzentration. Und das wiederum vermeidet Fehler bei der Arbeit.

Wie oft werden Arbeiten und Aufgaben vergeben, deren Bedeutung und Stellenwert im subjektiven Erleben der Ausführenden niedrig ist? Darf man sich dann wundern, wenn die Arbeiten entsprechend behandelt und mit Fehlern verrichtet werden? Viele Fehler werden bereits mit der Arbeitsübergabe und Instruktion vorprogrammiert.

Oder es werden Aufagben im Vorbeigehen vergeben: „Herr Mayer, können Sie mal schnell …" – „… das ist nur ein bisschen Arbeit …" – „… machen Sie doch mal zwischendurch …" – „… ich hab da noch etwas, eine Kleinigkeit für Sie …" Andererseits gibt es bei Erteilung besonders schwieriger Aufgaben auch Formulierungen von dieser Art: „… ich habe da noch ein kleines Problem …" – „… das ist ein bisschen Arbeit …" – „… da kommt noch ein wenig Arbeit auf Sie zu …"

Es gibt Chefs, die betreiben diese Art von Arbeitsübergaben sogar bewusst und begründen das Vorgehen sogar methodisch mit „ins Wasser werfen, um sich freizuschwimmen" oder als besonders intelligentes Kreativitätstraining für den Mitarbeiter: „Soll sich selbst Gedanken machen!"

Die Verantwortungslosigkeit und die Unfähigkeit solcher Chefs zur Menschenführung und Entwürdigung von Mitarbeitern liegen für jeden ersichtlich klar auf der Hand.

Jeder anständige Mitarbeiter übernimmt natürlich die Aufgaben auch unter solchen Voraussetzungen und versucht das Beste daraus zu machen. Was ist aber, wenn sich dann während der Arbeit herausstellt, dass Aufwand und Umfang doch erheblich größer sind als erwartet, dass sogar erhebliche Freizeitanteile daran glauben müssen? Dann entwickeln sich Unmut und innerer Groll. Die Voraussetzungen für Fehler sind gegeben. Außerdem entwickelt sich ein kontraproduktives Arbeitsklima. Motivation und Leistungsbereitschaft sinken und damit die Qualität der ganzen Arbeit.



Das ist gänzlich anders, wenn man mit dem Mitarbeiter bei der Übergabebesprechung den Wert der einzelnen Arbeit hervorhebt, sie in einen bedeutungsvollen Gesamtzusammenhang für das Unternehmen stellt und auch schon über zu erwartende Probleme und Schwierigkeiten spricht. Jeder Mensch möchte lieber Heldentaten vollbringen als unbedeutende Alltagsarbeiten.

Grundsätzlich gelten die folgenden Merksätze zur Philosophie dieser Überlegungen:

- den Wert alltäglicher, kontinuierlicher Arbeit höher schätzen,
- ungewöhnliche, große und schwierige Aufträge nicht verniedlichen.

Das Ganze hat noch einen interessanten Aspekt. Man muss sich einmal klarmachen, dass es nicht die großen, aufregenden Projekte, die Riesenaktionen sind, die Probleme machen. Aufgrund des ohnehin hohen Aufmerksamkeitswertes kommen dort auch die geringsten Fehler vor. Gerade kontinuierliche und selbstverständliche Leistungen sind auf Dauer schwierig.

Das weiß jeder, der sich schon mit Diäten herumgeschlagen hat: Jedes Schlankheitsprogramm ist in den ersten drei bis vier Wochen gut durchzuhalten. Da machen die Entbehrungen sogar noch Spaß, weil man Erfolge, Aktionen und Auslobungen sieht. Aber danach, wenn alles zur Routine wird? Dann beginnen die Probleme, dann hören die meisten auf zu diäten, weil die kontinuierliche Leistung viel schwieriger ist.

Oder befragen Sie doch Spitzensportler, was schwieriger ist, auf eine Olympiade oder Meisterschaft hin hart zu trainieren oder eine hohe Leistung kontinuierlich zu erhalten? Den meisten fällt das Training auf die große Aktion hin leichter. Und für attraktive Wettbewerbe Spitzenumsätze einzufahren, fällt manchen Verkäufern wesentlich leichter als eine kontinuierlich hohe Leistung übers Jahr zu halten.

Ziel ist es also, bei den folgenden Überlegungen zu einer helfenden, aufbauenden Kritik, durch motivierende Führungsmittel und eine optimierte Arbeitsvorbereitung, in der Kommunikation und Information wichtige Rollen spielen, die Voraussetzungen zur Fehlervermeidung und -reduzierung zu schaffen.

Das sollte ein Programmpunkt jeder Arbeitsvorbereitung sein, die leider in der Praxis meist nur als materielle und technische Vorbereitung der Arbeitsorganisation abgehandelt wird. In keiner Arbeitsvorbereitung finden wir den Abschnitt „psychologische oder menschliche Vorbereitung" ausgeführt. Dabei werden hier die Voraussetzungen für mängelfreie, rationelle und produktive Arbeitsleistungen geschaffen.

Wir berühren damit auch das große Thema Qualitätssicherung, nicht nur durch objektive Kontrollen, sondern durch die Optimierung der menschlichen Einstellung und Haltung zur Arbeit. Den menschlichen Faktor stärker als bisher in der Arbeitsvorbereitung berücksichtigen und mit den motivierenden Führungsmitteln die Leistungsbereitschaft und Zuwendung zur Arbeit fördern heißt, das System der Qualitätssicherung im Menschen am Arbeitsplatz wirksam werden zu lassen. Das ist die effektivste und rentabelste Qualitätssicherung. Diese Erkenntnis ist besonders interessant für die kleinen und mittleren Betriebe, die sich auch aus Gründen der Rentabilität keine eigene QS-Abteilung leisten können.

Damit wird Kritik zur Ausnahmeerscheinung in Einzelfällen und mit besonderer Einstellung und Methode zu einem ergänzenden und aufbauenden Führungsmittel. Jetzt können wir eine Methode, die helfende, konstruktive, nicht verunsichernde Kritik ermöglicht, entwickeln und trainieren.

## AUFBAUENDE KRITIK

Wir haben bisher eine Reihe von Übungen mit den Mitteln der sokratischen Fragetechnik kennen gelernt und die persönlichkeitsfördernde Wirkung trainiert. Das Motivationsgespräch besteht im Prinzip aus einer Folge sukzessiv aufeinander aufbauender, an den Mitarbeiter gerichteten Fragen und der Kernfrage „Was schlagen Sie vor?“

Die Gespräche zur Mitarbeiterbeurteilung und -förderung bestehen aus Fragenkatalogen. Die Zielfragen sollen den Mitarbeiter dahin lenken, sein Bild von sich zunächst selbst zu zeichnen. Es handelt sich also bisher um so ausgesprochen nondirektive Führungsmittel, deren Kernglieder aus Fragetechnik bestanden. Im Kapitel „Verbesserung situativen Verhaltens“ wird sich noch einmal speziell damit auseinander gesetzt.

Lediglich Lob und Anerkennung vermitteln wir direktiv, unmittelbar, in offener Aussageform nach dem Motto „Hände kann ich kaufen, Herzen will ich gewinnen“.

Von den grundsätzlich positiven Führungsmitteln schwenken wir jetzt zu den scheinbar negativ besetzten über. Warum „scheinbar“? Nun, wir werden feststellen, dass auch die problematischer erscheinenden Führungsmittel wie Kritik, Tadel, Konfrontation und Kontrolle letztendlich nicht negativ geladen sein müssen, wenn wir sie mit der richtigen Begründung und Technik anwenden.



Die viel gepriesene Fragetechnik hat natürlich dort ihre Grenzen, wo sie nur als oberflächliche Technik um des Fragens willen benutzt wird. Sie wird dann leicht zur Farce. Wenn ich einen Menschen auf der Straße frage: „Entschuldigen Sie, was heißt denn auf Russisch ‚Ich möchte ein neues Führungstraining kennen lernen‘!“, dann werde ich meistens hilfloses Schulterzucken als Antwort ernten. Auch die Nachfrage „Haben Sie nicht irgendeine Idee?“, wird wenig nutzen. Wer kein Russisch kann, wird auch meine Fragen nicht beantworten können.

Reine Fragetechnik hilft also überhaupt nichts und ausschließliches Fragen führt selten zum Ziel. Wir müssen stattdessen helfend fragen und durch einleitende Fragen feststellen, wo der Befragte zunächst mit seinem Wissen steht, sonst sind die Fragen nicht helfend, sondern verunsichernd. Verunsicherung ist aber für keinen Lernprozess gut.

Eine Frage müssen wir aber zuvor noch klären: Wann wenden wir Kritik überhaupt an?

*Kritik üben wir immer dann, wenn der Mitarbeiter Fehler gemacht hat, es aber nicht besser weiß oder kann.*

Kritik wenden wir also grundsätzlich nur bei vom Mitarbeiter unbewusst, ohne Absicht begangenen Fehlern an.

Im Gegensatz dazu setzen wir den Tadel immer dann ein, wenn der Mitarbeiter wissentlich, also bewusst etwas falsch macht, das heißt, wenn wir uns davon überzeugt haben, dass er es besser hätte wissen müssen oder tatsächlich besser wusste.

# DAS KRITIKGESPRÄCH

## Fragen vorab

Auch dieses Gespräch erfordert eine gründliche Vorbereitung. Wir haben in den vorausgehenden Abschnitten von verschiedenen Einstellungen zur Kritik gesprochen. Hier werden sie durch zwei grundsätzliche Fragen vor Beginn des Kritikgespräches, sozusagen im stillen Kämmerlein, instrumentalisiert. Wir müssen also vorab jeweils prüfen, was, also welche sachlichen Ziele wir konkret durch das Gespräch erreichen wollen und was wir mit dem Mitarbeiter erreichen wollen. Dazu helfen uns auch die Qualifikationsgespräche.

**Fragen vorab an mich selbst**

Was will ich durch die Kritik mit dem Mitarbeiter erreichen?

Was soll der Mitarbeiter künftig besser machen?

| | |
|---|---|
| **1. Phase:** | **Positiver Einstieg – Lob**<br>**Vertrauensbrücke schlagen** |
| **Text:** | Ihre Arbeit war im Ganzen ausgezeichnet.<br>Interessiert es Sie, wie das Projekt angekommen ist?<br>Sind Sie am Ergebnis interessiert? |
| **Überleitung:** | sofort nach Phase 2 |
| **Einstellung:** | helfen wollen, Vertrauen erweckend<br>Ruhe durch Mimik, Gestik, Stimme, Augenkontakt ausstrahlen |

Da es auch nicht sinnvoll ist, jede Kleinigkeit und Abweichung zu behandeln, finden wir in der Vorbereitung der ersten Frage auch letzte Entscheidungen, ob wir überhaupt kritisieren sollen. Es sollten nur gravierende, wichtige, entscheidende Versäumnisse und Mängel kritisiert werden, sonst wird auch die methodischste Kritik zur wirkungslosen Gebetsmühle.

Außerdem müssen wir uns von Fakten überzeugt haben und sicher sein, dass wir nicht aufgrund von Gerüchten, Vermutungen und Annahmen oder sogar wegen persönlicher Animositäten kritisieren wollen. Den Gegenstand der Kritik, den Fehler, den Mangel, die Nachlässigkeit müssen wir in der Vorbereitung so formulieren, dass wir die zweite Frage konkret beantworten können. Entscheidend ist nachher im Kritikgespräch nicht die Formulierung des Fehlers *was,* sondern die hilfreiche Formulierung, *wie* der Mitarbeiter eine künftige Veränderung vornehmen soll. Insofern erfolgt hier bereits die konkrete Vorbereitung auf die zweite Phase des Kritikgesprächs.



## Positiver Einstieg – Lob

Gerade für dieses sensible Gespräch ist die Eröffnung mit positivem Einstieg wichtig. Hier wird eine bestimmte Arbeit zunächst pauschal bestätigt. Dann soll ein wenig Neugier auf den Kritikpunkt vorbereitet werden. In dieser kurzen Phase, die höchstens zwei bis drei Sätze der dargestellten Art umfasst, sind vor allem Gesprächsklima und Körpersprache von ausschlaggebender Bedeutung. Vertrauen erweckende Zuwendung ist das wichtige Signal dieser Phase.

## Soll-Ist-Vergleich

Von den im Rahmen beispielhaft dargestellten Textbausteinen kann natürlich nur die situations- und persönlichkeitsgemäße Auswahl getroffen werden. Es soll ja nur eine konkrete Einzelheit genannt (nicht erfragt!) werden, die der Chefkritik unterliegt.

Dabei darf es sich nur um eine wichtige Tatsache, ein Faktum handeln, die es zu kritisieren lohnt (siehe Vorbereitung). Peanuts zu kritisieren lohnt sich nicht. Diese Kleinigkeiten werden am besten durch Nichtbeachtung eliminiert, je stärker wir wesentliche Verhaltenselemente durch unsere positiven Verstärkungsmethoden stabilisieren.

Wichtiger als die kurze, sachliche, konkrete Nennung des Fehlers, Mangels oder Versäumnisses ist aber der realistische Vorschlag, wie der Mitarbeiter in Zukunft eine Besserung herbeiführen kann. Dieser muss natürlich seinen Möglichkeiten und Fähigkeiten entsprechen. Sonst müssen wir ihn dafür qualifizieren und ausbilden. Dafür ist aber das Kritikgespräch nicht geeignet. Dann müsste ein Ausbildungsprogramm entwickelt werden, in dem eine Reihe von Qualifikationsgesprächen eine gute Rolle spielen.

Schon aus den Formulierungen der Textbausteine geht hervor, dass auf keinen Fall vorwurfsvoll oder gar im Affekt erfolgreich kritisiert werden darf. Es gibt nur dann eine Chance, dass unbedacht, unbewusst begangene Fehler in Zukunft unterbleiben oder doch zumindest reduziert werden, wenn die Kritik sachlich und in einem emotional warmen Klima stattfindet. Das verhaltensmäßig zu realisieren, ist das Hauptanliegen der Methode.

## Handlungsvorteile verdeutlichen

Wir haben ja erfahren, dass dem Mitarbeiter seine eigene Idee 1000-mal lieber ist als die beste Idee des Chefs. Zum ersten Mal wollen wir dem Mitarbeiter im Rahmen unserer Führungsmittel aber unsere Idee, vor allem davon, wie er etwas in Zukunft besser machen soll, vermitteln. Wir haben die Kritik bisher nicht mit dem Mitarbeiter erarbeitet. Bei den anderen Methoden waren wir zwar mit Fragen führend, aber die Erkenntnisse entwickelte der Mitarbeiter.

Bei der Kritik schaffen wir ein positives Klima und setzen dann Fakten und Veränderungsvorschläge in Phase zwei. Jetzt besteht die Gefahr, dass der Mitarbeiter unsere Vorschläge nicht akzeptiert oder nachvollzieht. Daher setzen wir hier ein anderes, bereits bekanntes Hilfsmittel ein. Wir wissen, wir können ande-

| | |
|---|---|
| **2. Phase:** | **Soll-Ist-Vergleich** |
| **Text:** | Etwas Schlimmes ist passiert, Sie haben ...<br>In Ihrer Ausarbeitung ist ein Basisfehler ... Sie sollten überarbeiten und ... berücksichtigen.<br>Folgendes ist eingetreten ... Sie sollten künftig darauf achten, dass ...<br>Sie haben übersehen, dass ... und das sollten Sie bis ... nachbessern.<br>An dem Projekt ist Ihnen Folgendes passiert ... in Zukunft sollten Sie auf bessere Vorbereitung achten.<br>Das ist vorgefallen ... wegen des hohen Risikos darf das nicht sein, sorgen Sie dafür, dass ...<br>Sie sollten mehr Wert auf ... legen, weil Sie dann schneller zum Ziel kommen.<br>Sie haben die Grundlagen erarbeitet, das Ergebnis ist fehlerhaft, daher sollten Sie die noch einmal prüfen.<br>Ihre Darstellungen waren nicht umfassend genug. Sie sollten künftig mehr Wert auf gründliche Vorbereitung legen.<br>Die ... Sache war so nicht abgesprochen. Sie sollten künftig vorher genaue Absprachen treffen. |
| **Achtung!** | Keine Vorwürfe, sondern eine konkrete Einzelheit sagen, die der Mitarbeiter falsch gemacht hat, die er künftig besser machen und wie er sie besser machen soll.<br><br>Nicht formulieren:<br>Ich habe beobachtet, dass Sie ...<br>Mir ist aufgefallen, dass ...<br>Mir gefällt das nicht, wie Sie ... |

| | |
|---|---|
| **3. Phase:** | **Handlungsvorteile verdeutlichen** |
| **Text:** | Sie hätten es dann wesentlich leichter.<br>Ihr Arbeitseinsatz wäre dadurch noch produktiver.<br>Ihre Konzeption käme viel besser zur Geltung.<br>Sie würden sich aufwendige Nacharbeiten künftig sparen.<br>Das käme allen zugute.<br>Sie hätten wesentlich mehr Anerkennung.<br>Sie sind der Einzige, der das bewältigt.<br>Dann wären Sie sogar Vorbild für andere.<br>Sie würden viel mehr mit der Methode erreichen.<br>Dann könnten Sie viel selbstständiger arbeiten. |
| **Ziel:** | Dem Mitarbeiter deutlich machen, was er von Ihren Vorschlägen hat. |

re nicht motivieren, sondern wir können ihnen nur helfen, sich selbst zu motivieren. Aber wir wissen auch, dass Menschen stolz sind und dass sie stolzen Zielen nachjagen. In der Bedürfnishierarchie des Menschen werden die höheren Bedürfnisse der sozialen Anerkennung, des Erfolgs und der Selbstverwirklichung dargestellt. Hier liegen Ziele, mit denen man Menschen erreichen kann. Wir müssen die Ziele dem Mitarbeiter so stolz und so groß wie möglich machen, dann wird er die aufgezeigten Mittel und Wege zur Verhaltensänderung offen aufnehmen und höchstwahrscheinlich umzusetzen versuchen.

Insofern haben wir doch keine Abweichung vom bisherigen methodischen Ansatz festzustellen. Wir führen den Mitarbeiter auch hier wieder über seine Ziele und Bedürfnisse, schlagen nur vorher eine kurze Schleife mit der Phase zwei, um den Stoff der Verhaltenskorrektur kurz, konkret und konstruktiv vorzulegen. Wir zeigen dem Mitarbeiter auf, was er von unseren Vorschlägen hat, was herauskommt, wenn er sie nutzt. Jetzt vollzieht der Mitarbeiter wieder selbst die weiteren Erkenntnisschritte.

| | |
|---|---|
| **4. Phase:** | **Mut machen zur Verhaltenskorrektur** |
| **Text:** | Wollen Sie das denn erreichen?<br>Wäre das in Ihrem Sinne?<br>Wäre das nicht von Vorteil für Sie?<br>Machen Sie mit?<br>Setzen Sie das um?<br>Hätten Sie Lust, das zu probieren?<br>Das sollten Sie jetzt regelmäßig üben. |
| **Ziel:** | Verhaltenskorrektur beachten und trainieren. |

## Mut machen zur Verhaltenskorrektur

Nachdem der Mitarbeiter die Schritte soweit mitgegangen ist, benötigt er sicher noch eine Ermutigung, die besprochenen Vorhaben auch in die Tat umzusetzen, das heißt die erörterte Verhaltenskorrektur auch bewusst zu üben. Hier wird die Vorstellung vom Ergebnis der Korrektur als positive Vision gezeichnet. Dem Mitarbeiter wird sozusagen eine Vorvereinbarung zur Umsetzung abgenommen. Für uns ist diese Phase gleichzeitig anhand der Äußerungen eine Kontrolle, wie ernst es der Mitarbeiter mit der Veränderung meint, das heißt ob er wirklich bereit ist, sein Verhalten zu ändern.

| | |
|---|---|
| **5. Phase:** | **Bestätigung und konkrete Vereinbarung** |
| **Text:** | Bestätigung<br>Toll, ich wusste, auf Sie kann ich mich verlassen!<br>Dazu kann ich Sie nur beglückwünschen.<br>Gratulation, dass Sie so mitmachen!<br><br>Konkrete Vereinbarung<br>Was schlagen Sie vor?<br>Wie wollen Sie das jetzt angehen?<br>Wie können Sie das sicherstellen? |

## Bestätigung und konkrete Vereinbarung

Nachdem der Mitarbeiter konkrete Vorstellungen entwickelt und Bereitschaft zur Verhaltensänderung bekundet hat, ist wieder Gelegenheit zur Bestätigung gegeben. Die sollte wegen der fantastischen Wirkung hier auch deutlich ausgeschmückt und ausgelebt werden. Und ohne konkrete Vereinbarung geht überhaupt nichts! So auch hier. Jetzt geht es darum, die konkreten zeitlichen, inhaltlichen und methodischen Schritte auf Vorschlag des Mitarbeiters festzulegen. Zur vereinbarten Zeit sollte man sich noch einmal aufmerksam mit der Problematik beschäftigen, um im Sinne von Kontrolle zu sehen, ob die Ziele erreicht wurden.

# PHILOSOPHIE

Wir können andere nicht motivieren. Wir können ihnen nur helfen, sich selbst zu motivieren. Unter diese Philosophie gehört letztendlich auch die Kritik, wenn sie helfende, aufbauende Kritik sein will. Von anderer Kritik reden wir nicht, da wir uns hier mit kreativer Führung beschäftigen.

Sie unterliegt den drei k's, denn sie ist kurz, konkret und konstruktiv. Je kürzer eine Information und damit Kommunikation ist, desto größer ist ihre Wirkungswahrscheinlichkeit. Konkret wird die Kritik durch das Herausgreifen eines – wichtigen – Sachverhaltes, der mangelhaft ist. Hinzu kommt, dass der Mensch durch die Macht des mentalen Beharrungsvermögens und den Mangel an Flexibilität ohnehin in einem bestimmten Zeitraum höchstens eine Verhaltensweise ändern kann. Und konstruktiv wird die Methode, weil sie sich statt mit der negativen Erscheinung des Fehlers oder des Mangels damit beschäftigt, wie eine Handlung in Zukunft besser gemacht werden kann.

Kritik ist grundsätzlich in die Zukunft gerichtet und sucht ebenso nach Verhaltensänderung wie die anderen Methoden auch, jedoch mit dem fundamentalen Unterschied, dass sie andere Anlässe und Ausgangspunkte und einen anderen Verlauf hat. Dazu gehört die intensive Vorbereitung, festgemacht an den beiden vorausgehenden Fragen, ohne deren gründliche und ehrliche Bearbeitung Kritik wirkungslos bliebe.

Wichtig ist auch, dass hier mit kurzen, konkreten Statements, also Feststellungen gearbeitet wird, über die im weiteren Verlauf mit dem Mitarbeiter der

Konsens zur Verhaltensänderung erfolgt. Wir können Ziel und Wirkung der Kritik auch in unserem Bild veranschaulichen:

*Wir wollen dem Mitarbeiter helfen, künftig ins Schwarze zu treffen.*

Dabei müssen wir Ziele setzen, die so reizvoll und attraktiv sind, dass der Mitarbeiter nach Erreichung strebt. Es erfolgt dann die Aufwertung der Person durch die Aufgabenerfüllung. Damit wäre dann der psychologische Kreidekreis der intrinsischen Motivation wieder erreicht. Daher ist Kritik auch ein Beitrag zu einem Stück Persönlichkeitsentwicklung.

## Merkkarte Kritik/Vorderseite

**Kritik** **Philosophie**

Wir können andere nicht motivieren, wir können ihnen nur helfen, sich selbst zu motivieren.

Den Wert alltäglicher, kontinuierlicher Arbeit höher schätzen.

Den Mitarbeiter nicht Kleinigkeiten, sondern Heldentaten vollbringen lassen.

Ziele setzen, auf deren Erreichen der Mitarbeiter aus seiner Sicht stolz ist.

Dem Mitarbeiter helfen, einen Mangel abzustellen und es künftig besser zu machen.

## Merkkarte Kritik/Rückseite

**Kritik** **Methode**

Fragen vorab an mich selbst:
Was will ich durch Kritik erreichen?
Was soll der Mitarbeiter künftig besser machen und wie?

Positiver Einstieg – Vertrauensbrücke schlagen.
Eine konkrete Einzelheit sagen, die der Mitarbeiter künftig besser machen soll und wie.
Dem Mitarbeiter deutlich machen, was er davon hat.
Mut machen, die Verhaltenskorrektur zu üben.
Bestätigung und konkrete Vereinbarung.

# Die Konfrontation

## UNANGENEHME GEWOHNHEITEN

Jeder Mensch hat Gewohnheiten. Manche scheinen geradezu aus Gewohnheiten zu bestehen. Wir haben sogar schon festgestellt: Wir *sind* Gewohnheiten. Daher wollen wir ja im ganzen Training positive, wirkungsvolle Gewohnheiten üben. Nun hat auch jeder Mensch mindestens eine unangenehme Gewohnheit. Solange sie andere nicht stört, beeinträchtigt oder gar behindert, mag auch jeder damit ungeschoren leben. Man kann sie gut übersehen. Was aber, wenn es sich um Gewohnheiten oder deren Produkte handelt, die andere massiv beeinträchtigen oder doch zumindest so stark auffallen, dass sie unangenehm werden? Die Zusammenarbeit unter den Mitarbeitern kann gestört werden. Kundenkontakte können negativ beeinflusst werden. Im Extremfall kann sogar das Ansehen der Firma beschädigt werden.

Es gibt eine Reihe alltäglicher Gewohnheiten, die liegen so sehr im persönlichen, ja im intimen Bereich, dass man sich gar nicht traut, sie anzusprechen: Ein Mitarbeiter hat penetranten Körpergeruch, ein anderer unangenehmen Mundgeruch, Schuppen, zerkaute Fingernägel, ungepflegte Zähne, übel riechende Schweißfüße. Die offenbar von Profisportlern übernommene Gewohnheit des lässigen Ausspuckens greift als unsoziale, unhygienische und unappetitliche Gewohnheit um sich. Anderswo wird beim Essen öffentlich geschmatzt, geschlürft und gerülpst – Zeichen des guten Geschmacks? Versunkenes Nasepopeln ist bei Autofahrern aller Klassen, aber auch an Arbeitsplätzen zu beobachten. Manche Menschen legen Wert auf neuesten Chic in der Mode, laufen aber mit ausgelatschten oder ungeputzten Schuhen herum. Zu den unangenehmen Gewohnheiten zählt auch demonstrativ gezeigte schlechte Laune, neugierige Fragerei nach persönlichen Dingen und der Hang zum Klatsch und Tratsch. Man könnte die Liste der unangenehmen Gewohnheiten beliebig fortsetzen.

Soll man nun Menschen mit solchen Gewohnheiten ansprechen, sie darauf hinweisen, dass das unangenehm ist oder großzügig darüber hinwegsehen? Was ist, wenn es sich um einen Mitarbeiter handelt, noch dazu um eine Mitarbeiterin? Was ist, wenn wir unangenehme Gewohnheiten beim Kollegen feststellen oder gar beim Chef? Auf jeden Fall eine peinliche Situation. Da verlässt viele der Mut zur offenen Kommunikation.

Stellen wir uns doch einmal vor, wir selbst wären diejenigen, die durch eine unangenehme Gewohnheit, beispielsweise unangenehmen Geruch, auffallen. Jemand möchte uns helfen, hat den Mut und spricht mit uns darüber. Was würden wir empfinden? Wären wir traurig, sauer, beleidigt? Die meisten Menschen, denen man diese Fragen stellt, antworten, „nein, keineswegs.“ Viele sagen sogar, sie wären dankbar, wenn jemand sie in solchen Fällen anspräche. Dennoch bleibt in solchen Situationen eine peinliche Betroffenheit auf beiden Seiten zurück.

Zur Überwindung der Schwächen und Peinlichkeiten hilft ein methodisch zielgerichtetes, sachliches Gespräch, mit dem man unangenehme Situationen meistern kann. Es zeigt sich aber, dass ein solches Gespräch nicht nur zur Behandlung schlechter Gewohnheiten gut ist, sondern, dass wir es auch bei Widersprüchen, Widerständen, gleichgültigen Einstellungen und Unterlassungen benutzen können. Wir haben außerdem bereits im Qualifikationsgespräch eine hilfreiche Phase kennen gelernt: Die Konfrontation, die wir jetzt methodisch bearbeiten wollen.

# DAS KONFRONTATIONSGESPRÄCH

## Persönliche Einstellung prüfen

Wir werden ja kein Kritikgespräch führen, sondern jemanden mit etwas Unangenehmem, Widersprüchlichem oder seinem artikulierten Widerstand konfrontieren. Daher können wir die Konfrontation nicht aus dem Ärmel schüttel, sondern müssen sie nicht nur methodisch, sondern vor allem in der Einstellung gründlich vorbereiten.

Daher steht an erster Stelle die Überprüfung der Einstellung zum Mitarbeiter mit der kardinalen Frage, ob wir ihm denn überhaupt und wirklich helfen wollen. Geht es uns etwa um Bloßstellung, Erniedrigung, Abqualifizierung, Verunglimpfung oder Machtdemonstration, dann sollten wir es lieber lassen: Die Ergebnisse werden negativ sein.

| | |
|---|---|
| **1. Phase:** | **Persönliche Einstellung prüfen** |
| | Konkrete Fragen an mich selbst vorab: |
| | Mag ich den Mitarbeiter?<br>Will ich ihm persönlich helfen? |
| | Bewusst konfrontieren wollen |
| | Kontakt suchen – Helfen wollen |
| | Zuneigung aktiv durch Stimme, Haltung, Blickkontakt bekunden.<br>Erzeugung der inneren Einstellung:<br>„Weil ich dich mag, will ich dir helfen.“ |

Dann kommt in vielen Fällen die innere soziale Mutprobe. Wollen wir das Problem wirklich offen ansprechen, wollen wir bewusst konfrontieren? Damit zusammen hängt auch die letzte Frage, ob wir denn wirklich ein bedeutsames, entscheidendes Problem vor uns haben, das anzusprechen und zu behandeln den psychischen, verbalen und sozialen Aufwand lohnt. Ist das Problem stark genug, dass wir es tatsächlich beseitigen müssen? Oder handelt es sich nur um Bagatellen und Prinzipien, über die wir uns aufregen?

Wenn wir diesen Abschnitt der geistig-seelischen Vorbereitung innerlich positiv verabschiedet haben, dann kommt die wichtige körperliche und sprachliche Vorbereitung. Der ganze Kontakt, die Situation, das Ambiente müssen auf Helfenwollen ausgerichtet werden. Das ist wie die Vorbereitung des Hochspringers am Startpunkt noch vor dem Anlauf: Alle Sinne und Organe werden, im letzten Moment versammelt, auf Höchstleistung eingestellt.

Wir richten unsere Stimme, Körperhaltung und den Augenkontakt auf wohlwollende Hilfestellung ein.

## Probleme offen ansprechen

Zunächst wird das Problem kurz benannt, dann nach Möglichkeit anhand eines konkreten Beispiels belegt, um schließlich seine negative Wirkung zu kennzeichnen. Damit wird der meist emotionale Kontext versachlicht und auf eine rationale Ebene gebracht.

**2. Phase:** **Problem offen ansprechen**

**Text:** sukzessiv:

- Es gibt da ein Problem, Sie haben ...
  Es fällt auf, dass Sie ...
  Sie neigen dazu, oft ...
- Ich will Ihnen ein konkretes Beispiel sagen: ...
- Das stört nicht nur mich, sondern auch andere und verschafft Ihnen umgekehrt ein Stück Ablehnung.

Dabei muss die weit verbreitete Technik vermieden werden, das Problem in arabesken Windungen und mit vermeintlicher sozialer Höflichkeit „durch die Blume“ anzusprechen. Es soll nichts verschleiert, sondern das Problem offen, sachlich, ruhig, überlegen, konkret und ohne Umschweife bezeichnet werden.

Hier ist zu beachten, dass die Textbausteine eins, zwei und drei hintereinander und sinngemäß benutzt werden. Dann wird ohne Aufenthalt zur dritten Phase übergeleitet.

## Wirkung hinterfragen

Diese wiederum sehr kurze, meist nur Ein-oder-zwei-Satz-Phase benutzt sinngemäß eine oder zwei Formulierungen beziehungsweise Fragen. Damit wird eigentlich nur die aktive Einsicht in den Gesprächsverlauf der nächsten Phase vorbereitet. Es handelt sich nach der Bezeichnung des Problems um die Einholung einer kurzen Zustimmung durch den Mitarbeiter in dessen eigenen Worten, dass die aufgezeigte Problematik nicht in Ordnung sei und nicht weiter bestehen könne. Eine, höchstens zwei knappe Fragen, situativ eingebettet, sollen dabei helfen.

Das ist der Schnittpunkt der eigentlichen Konfrontation, in dem bekannt ist, ob der Mitarbeiter dazu steht. Erst mit der Einsicht des Mitarbeiters, mit Bekenntnis eines gewissen Leidensdruckes, wie er ja auch in der Psychotherapie vom Patienten gefordert wird, wenn die Therapie erfolgreich verlaufen soll, besteht die Möglichkeit der Absprache einer Verhaltenskorrektur in den folgenden Schritten.

| | |
|---|---|
| **3. Phase:** | **Wirkung hinterfragen** |
| **Text:** | Hat Sie das nicht schon selbst geärgert ...?<br>Ist Ihnen nicht schon aufgefallen, dass ...?<br>Haben Sie schon mal daran gedacht ...?<br>Finden sie das in Ordnung?<br>Hat Sie das noch nicht gestört?<br>Fiel Ihnen die Reaktion ihrer Umgebung nicht auf?<br>Haben Sie die Auswirkungen bedacht?<br>Denken Sie an Ihre Wirkung als Vorbild?<br>Ist es im Interesse unserer Firma, dass ...?<br>Wie wollen Sie das rechtfertigen? |

Wir haben diesen Abschnitt bereits als eingeschobene vierte Phase des Qualifikationsgesprächs kennen gelernt. Durch Fragen wird die Ausflucht in Rechtfertigungen, Verharmlosungen oder Ausreden verhindert, weil dadurch die Problemreflexion in den Vordergrund des Bewusstseins tritt.

## Einsicht herbeiführen

Das ist die entscheidende Phase, in der Verständnis für und Einsicht in die Notwendigkeit zu verändernden Verhaltens entwickelt werden. Das gelingt am besten dadurch, dass die Verhaltensänderung mit durchaus subjektivem, persönlichem Nutzen verknüpft wird.

## Verständnis erbitten

Zum Abschluss des Gesprächs geht es darum, noch einmal Verständnis dafür zu erbitten, dass das Problem offen und direkt angesprochen wurde. Der Hinweis, dass es nicht leicht gefallen ist, verstärkt Vertrauen und Verständnis, unterstreicht den persönlichen Mut der Führungskraft, unangenehme Dinge anzusprechen und bestätigt das Anliegen, Hilfestellung zur Verhaltensänderung zu geben.

| | |
|---|---|
| **4. Phase:** | **Einsicht herbeiführen** |
| **Text:** | Indem Sie das abstellen, würden Sie enorm an Ansehen gewinnen.<br>Wenn Sie das ändern können, hätten Sie künftig die Vorteile, dass ...<br>Das hätte für Sie nur positive Konsequenzen ...<br>Dann ginge das viel leichter ...<br>Sie wären noch beliebter und kämen besser zurecht.<br>Erkennen Sie die großen Vorteile gegenüber ...?<br>Denken Sie doch bitte mal an ...<br>Sie könnten sich sicherer und wohler fühlen.<br>Wäre das nicht ein großer Gewinn, Vorteil ...? |
| **Ziel:** | Verständnis und Einsicht für Änderung herbeiführen, Persönlichen Nutzen aufzeigen. |

# PHILOSOPHIE

Das Konfrontationsgespräch enthält keine Kritik und keinen Tadel und steht im Unterschied zu diesen beiden Methoden im Zeichen der Selbsterkenntnis durch Gegenüberstellung mit kurzen Fragen und Aussagen zu meist unangenehmen Themen. Diese werden wiederum durch die Vorgehensweise versachlicht. Das ist die große Chance, hier überhaupt etwas zu bewegen und eine Verhaltensänderung erwarten zu können. Bewusstseins- und Verhaltensänderung durch gelenkte Reflexion ist der besonders wirkende psychische Mechanismus.

Um den Weg mit der Methode einwandfrei begehen zu können, steht am Anfang die Einstellungsüberprüfung der Führungskraft: Feststellung des persönlichen Anliegens zur Hilfestellung, der wirklichen Bedeutung des anzusprechenden Problems, damit der bewusst gewollten Konfrontation und schließlich das Sympathie-Signal. Erst unter gründlicher Vorbereitung der Einstellung kann die Methode wirkungsvoll angewandt werden.

| | |
|---|---|
| **5. Phase:** | **Verständnis erbitten** |
| **Text:** | sukzessiv:<br>Bitte, haben Sie Verständnis, dass ich die Sache angesprochen habe.<br>Es ist mir nicht leicht gefallen.<br>Aber ich dachte, es könnte Ihnen persönlich helfen. |
| **Ziel:** | Verständnis dafür erbitten, dass das Problem offen angesprochen wurde und persönliche Hilfe betonen. |

Furcht vor unangenehmen Themen ist der schlechteste Ratgeber für die Führungskraft und Flucht vor einem Eingeständnis ist ein schlechter Weg für den Mitarbeiter. Unter diesem Motto steht die Konfrontation für beide Gesprächspartner. Für die Führungskraft ist das Gespräch immer eine große Herausforderung.

## Merkkarte Konfrontation

Die Merkkarte Konfrontation erhält nur eine Karte beziehungsweise Seite, da die Grundphilosophie aus der ersten Phase hervorgeht, also aus Offenheit und Hilfesignalen besteht.

**Merkkarte Konfrontation**

| **Konfrontation** | **Methode** |
|---|---|
| | ■ Persönliche Einstellung prüfen<br>Will ich helfen?<br>■ Problem offen ansprechen<br>■ Wirkung hinterfragen<br>■ Einsicht herbeiführen<br>■ Verständnis erbitten |

# Der Tadel

## WER TADELT GERNE?

Mit den bisher entwickelten Methoden und Überlegungen haben wir zwei grundlegende Erkenntnisse erarbeitet. Zur Motivation: Wir können Mitarbeiter nicht motivieren. Wir können ihnen nur helfen, sich selbst zu motivieren. Zur Kritik: Sie setzt ein, wenn der Mitarbeiter unbewusste Fehler gemacht hat, wenn er nicht wusste, was er wie tun sollte.

Wenn ein Mitarbeiter weiß, wie die Aufgabe zu erledigen ist, wenn also alle Kriterien der Aufgabenerfüllung bekannt sind, auch der Ausbildungsfaktor abgehakt werden kann, alle Informationen und Hilfsmittel bekannt, demnach alle Voraussetzungen gegeben sind, und der Mitarbeiter macht dennoch Fehler, dann darf man Absicht, bewusstes Tun, Vorsätzlichkeit, mindestens aber duldende Inkaufnahme von Fehlern unterstellen. Wenn Mitarbeiter wissentlich etwas falsch machen, dann ist Tadel angebracht.

*Wir tadeln, um ein Übel abzustellen.*

Nun haben wir festgestellt, dass bereits die Einstellung zur Kritik und zur Konfrontation schwierig ist, weil sich auch für die Führungskraft eine unangenehme Situation darstellt. Um wie viel schwieriger ist das erst beim Tadel! Bevor wir an die Entwicklung der Methode gehen, wollen wir unsere Einstellung mit einer Basisübung vorbereiten.

Wenn man Führungskräfte direkt befragt: „Wer von Ihnen tadelt gerne?“, dann kommt die zögerliche Antwort „niemand“. Warum tadelt man landläufig nicht gerne? Schreiben Sie doch einfach einmal Ihre persönlichen Ansichten dazu auf ein Blatt Papier: Warum tadeln Sie nicht gerne? Vergleichen Sie anschließend mit den folgenden Antworten.

**Basisübung** **Tadel**

Stellen Sie sich vor, Sie möchten aufgrund der oben genannten Informationen das Gespräch morgen früh führen. Bereiten Sie sich in Stichpunkten schriftlich jetzt darauf vor. Achten Sie auf folgende Gesichtspunkte:

- Nicht tadeln, wenn keine Fakten vorliegen.
- Chefs führen keine Streitgespräche mit Mitarbeitern.
- Sie sind stark genug, um nicht alles sagen zu müssen.
  Was gesagt wirtd, muss aber wahr sein.
- Was will ich überhaupt, will ich alle Punkte ansprechen?
- Wie und womit will ich das Gespräch beginnen?
- Will ich einen positiven Einstieg?

Einige häufige Antworten zu der Frage sind (in unsystematischer Reihe):

- Eine unangenehme Situation.
- Erzeugt Aggressionen.
- Persönliche Betroffenheit ist zu stark.
- Man weiß nicht, was herauskommt.
- Es kommt meist zur persönlichen Konfrontation.
- Man kennt die Reaktionen nicht.
- Man hat schon schlechte Erfahrungen gemacht.
- Hinterher geht man sich aus dem Weg.

Die unangenehme Seite des Tadels sind also zusammengefasst in der Regel starke emotionale Unsicherheit, Betroffenheit und Aufladung. Wir wollen daher ein Tadelgespräch entwickeln, das diese Nachteile eliminiert, in dem diese negativen Erscheinungen nicht auftreten, das aber die Situation entkrampft, versachlicht und dabei handhabbar macht.

# NUR FAKTEN ZÄHLEN!

Stellen Sie bitte einmal folgende Situation vor: Sie fahren abends nach getaner Arbeit nach Hause, da denken Sie an einen Ihrer Mitarbeiter. Ihnen fällt ein, irgendetwas stimmt nicht mit ihm. Zu Hause angekommen, setzen Sie sich an Ihren Schreibtisch, sammeln und notieren alles, was Ihnen zu diesem Mitarbeiter einfällt. Stellen Sie sich vor, Ihnen fallen folgende Dinge ein:

- Er kommt fast jeden Abend angetrunken nach Hause. Das hat seine Frau Ihnen gegenüber mal erwähnt.
- Er kam zweimal morgens mit einer Fahne zur Arbeit, das haben Sie selbst bemerkt.
- Er pflegt einen autoritären Führungsstil, hetzt und schikaniert seine Mitarbeiter. Sie wissen das aus Gesprächen mit seinen Mitarbeitern.
- Er ist arrogant, fast beleidigend im Umgang mit Kollegen. Sie wissen das aus mehreren Gesprächen mit seinen Kollegen.
- Er ist zu wenig kostenbewusst. Seine Spesenabrechnungen liegen 18 Prozent über dem erlaubten Limit. Das geht aus verschiedenen Buchhaltungsdokumenten hervor.
- Er hat regelmäßig Mehrumsatz bei vier Prozent über Soll. Ein ausgesprochen leistungsstarker Mitarbeiter. Allerdings liegt der Materialverbrauch auch über der Kalkulation.

Nun analysieren Sie bitte Ihre Notizen für das geplante Gespräch. Sprechen Sie wirklich nur konkrete Fakten an? Fakten sind objektive und geprüfte Sachverhalte. Haben Sie den Einstieg in das Gespräch so gewählt, dass Sie nachher auch glaubhaft tadeln können? Wenn Sie den Mitarbeiter in der Einleitung zu sehr loben und herausheben, können Sie ihn nachher schwerlich tadeln. Wir können zwei grundlegende Erkenntnisse festhalten:

- Beim Tadel nur konkrete Fakten ansprechen.
- Den Einstieg in das Gespräch stets so wählen, dass wir nachher auch tadeln können.

Übrigens: Welche Gründe gibt es denn konkret, um in der Praxis zu tadeln? Grundsätzlich gilt, dass wir tadeln, um ein Übel abzustellen. Beispiele sind Fehlverhaltensweisen von der Art, wie

- Kundentermine werden wiederholt nicht eingehalten,
- Aufträge werden häufig verspätet eingereicht,
- Liefertermine werden oft verzögert,
- regelmäßig schmutziges, ungepflegtes Firmenauto,
- Werkzeug wird verschlampt und verdreckt,
- Zuspätkommen bei Besprechungen, zur Arbeit.

Die Liste von Gründen zum Tadel ließe sich noch einige Seiten fortführen. Immer sind es Gründe, die der Mitarbeiter weiß und deren Bedingungen er genau kennt. Und daher muss Verhaltensänderung durch methodischen Tadel erfolgen.

Ich habe selbst schon hin und wieder das Problem, dass ein Trainings- oder Seminarteilnehmer am zweiten oder dritten Tag der Veranstaltungen zu spät kommt. Natürlich kommt er mit höflichen Begründungen und Rechtfertigungen daher. Ich breche seine Tiraden stets freundlich mit dem Hinweis ab: „Mit Rechtfertigungen stehen wir uns selbst im Weg." Das Übel des Zuspätkommens wird ja nicht gebessert oder ausgeräumt.

Meistens zeigen die Teilnehmer schon Einsicht, indem sie erklären, was sie in Zukunft tun werden, damit das Übel nicht wieder auftritt, zum Beispiel besser planen, früher losfahren, Reserven kalkulieren etc. In manchen Fällen führe ich aber situativ mit dem zu spät gekommenen Teilnehmer etwa folgendes (oder ein ähnliches) Tadelgespräch:

*„Herr XY, grundsätzlich schätze ich Ihre Mitarbeit, Ihre Aktivitäten und Ihre Ideen sehr. Es geht nur darum: Sie kamen 40 Minuten zu spät zum Seminar. Finden Sie das in Ordnung, dass wir so lange auf Sie warten mussten? (Meist kommt eine ausweichende, rechtfertigende Antwort.)*
*Ich möchte gerne wissen: Finden Sie das in Ordnung, dass die ganze Gruppe auf Sie warten musste, jetzt in der begonnenen Arbeit unterbrochen wird und Ihnen eine separate Einführung geben muss?*
*(Die Antwort kann nur zustimmend sein.)*
*Schön, dass Sie das auch so sehen!*
*Was wollen Sie unternehmen, damit das in Zukunft anders wird? (Konstruktive Antwort.)*
*Wie wollen Sie das erreichen und sicherstellen? (Konstruktive Antwort.)*
*Also können wir beim nächsten Mal davon ausgehen, dass Sie pünktlich sind und wir gemeinsam beginnen können? (Antwort zustimmend.)*
*Schön, da Sie das so sagen, verlasse ich mich darauf!"*

Das ist ein Beispiel für ein Tadelgespräch mit dem großen Unterschied zur sonstigen Praxis, dass es mit dem Mitarbeiter nur unter vier Augen geführt wird. Die Wirkung vor der Gruppe ist im Training frappierend: Es kommt keiner mehr zu spät und wir haben eine praktische Einführung statt Simulation in ein Tadelgespräch erlebt, das dann methodisch analysiert und damit in seiner psychosozialen Wirkung wieder neutralisiert werden kann.

In der Analyse kommen die Teilnehmer in der Regel sehr schnell auf den Wirkungskern des Tadelgesprächs: Im Grunde erfolgt kein Tadel, jedenfalls nicht im Sinne herkömmlicher Strafpredigten. Vielmehr verurteilt sich der Betroffene im Verlauf des Gesprächs selbst.

Voraussetzung dazu ist eine gute sachliche Vorbereitung in der Praxis. Darum haben wir auch vorhin die Basisübung vorgeschlagen. Die dort gestellten Fragen führen zur systematischen Vorbereitung auf die Fakten, die Einstellung und die Methode, die wir jetzt entwickeln wollen.

# DAS TADELGESPRÄCH

## Kurzer positiver Einstieg

Es ist fast schon zur Gewohnheit geworden, bei allen Gesprächen einen positiven Einstieg zu wählen. Nur so erreichen wir überhaupt Aufmerksamkeit und positive Zuwendung zu den folgenden Absichten. Hier muss der Einstieg aber sehr kurz und vor allem allgemein, grundsätzlich gehalten werden. Denn stellen wir besondere Leistungen jetzt deutlich und überschwänglich heraus, verfallen wir zu Anfang des Gesprächs in Lobhudelei, können wir nachher nicht mehr glaubhaft tadeln.

## Fakten wertneutral nennen

Durch gute und bewusste Vorbereitung muss es möglich sein, ein Faktum, das abgestellt werden muss, kurz, konkret und wertneutral, ohne Affekt, aber deutlich, zu bezeichnen. Mehr darf in dieser Phase nicht erfolgen. Es geht auch hier wieder um Objektivierung und Versachlichung traditionell emotional getadelter Sachverhalte.

| | |
|---|---|
| **1. Phase:** | **Kurzer positiver Einstieg** |
| **Text:** | Grundsätzlich schätze ich Ihre Arbeit, Ihren Einsatz, Ihre Stärken sehr.<br>Im Allgemeinen erfreut mich Ihre Aktivität.<br>Sehr positiv finde ich Ihren Ideenreichtum.<br>Grundsätzlich bin ich mit Ihnen zufrieden.<br>Im Prinzip bin ich mit Ihrer Arbeit zufrieden. |
| **Achtung:** | kein „... aber ...“ folgen lassen!<br>Der Einstieg muss positiv, aber kurz, allgemein und grundsätzlich gehalten werden. |

| | |
|---|---|
| **2. Phase:** | **Fakten wertneutral nennen** |
| **Text:** | Es geht um Folgendes ...<br>Sie haben ...<br>Folgendes ist geschehen ... |
| **Achtung:** | ohne „... aber ...“ von Phase 1 überleiten und nur eine Einzelheit nennen. |

## Selbstverurteilung



Wir nennen dem Mitarbeiter jetzt kurz und klar die Auswirkungen seines Fehlverhaltens. In dieser Phase findet der eigentliche Tadel statt. Allerdings wird er nicht durch die Führungskraft erteilt, sondern der Mitarbeiter wird dahin geführt, sein Verhalten im Kontext von Normen, Werten und Interessen der Firma selbst zu beurteilen. Diese Selbstbeurteilung ist gleichzeitig eine Selbstverurteilung, also die wirksamste Form, um über eigene Einsicht Verhaltensänderung vorzubereiten und zu dokumentieren. Wir benutzen also eine sehr nondirekte Art des Tadels durch die Lenkung zum Selbsttadel.

Durch dieses Verfahren wird auch wieder eine gehörige Portion Motivation in einer eigentlich negativen, weil fehlerbesetzten Situation freigesetzt. Selbst

| | |
|---|---|
| **3. Phase:** | **Selbstverurteilung** |
| **Text:** | Finden Sie das in Ordnung, dass ...?<br>Halten Sie das für richtig, wenn ...?<br>Ist das im Sinne unserer Firma, dass ...?<br>Finden Sie das richtig?<br>Ist das gut für das Image unserer Firma?<br>Ist das die beste, einzig denkbare Lösung?<br>Ist das für Ihre eigenen Zielsetzungen gut, wenn ...? |
| **Achtung:** | Rechtfertigungen sofort unterbrechen:<br>Ich möchte wissen, ob Sie das in Ordnung finden. |
| **Ziel:** | Wir sagen dem Mitarbeiter die Auswirkungen seines Fehlverhaltens. Er soll sein Fehlverhalten selbst beurteilen = Selbstverurteilung. |

das oft gefürchtete Tadelgespräch wird so zum aufbauenden, motivierenden Gespräch mit Blick auf Lösungen und Auswege durch den Mitarbeiter. Natürlich kann es auch dazu kommen, dass der Mitarbeiter sich nicht selbst verurteilt. Was dann? Rein funktionell müssen wir vielleicht feststellen, dass wir die Fragen nicht wirksam, zu technisch, zu mechanisch formuliert haben. Andererseits müssen wir die Dinge hier immer im Zusammenhang sehen. Es kann sein, dass wir die Fragen nicht auf die Person des Mitarbeiters bezogen haben, sondern sachlich formuliert haben. Dann müssen wir unsere Vorübungen „Anteil nehmen" verstärken. Wir haben an anderer Stelle auch über Lob und Anerkennung gesprochen. Wir müssen davon ausgehen, dass ein Mitarbeiter, der sonst nicht genügend Lob und Anerkennung erfährt, sich jetzt auch nicht freiwillig verurteilen will.

Es kommt also entscheidend auf das gesamte Verhältnis, den sonstigen Umgang und die gewohnte Kommunikation zwischen Chef und Mitarbeiter an. Ein Chef, der sonst nicht akzeptiert wird, dessen persönliche Autorität und Kompetenz nicht gegeben sind, wird auch mit seinem Tadelgespräch nicht ankommen. Wir können also sagen, dass wir erst alle bisher behandelten Einstellungen, Methoden und Verfahren gründlich üben und praktizieren müssen, bevor wir erfolgreich an den Tadel herangehen.

## Anerkennung

Nach dem bisher im Grunde aufbauenden und motivierenden Verlauf erfährt der Mitarbeiter jetzt eine kurze, aber deutliche Bestätigung und Anerkennung seiner Person wegen der geäußerten Einsicht. Außerdem wird die bisherige sachliche Einstellung und Vorgehensweise wieder in positiver Weise ein Stück emotionalisiert und personalisiert. Die Anerkennung ist Voraussetzung für jede weitere Zusammenarbeit und verstärkt die vorbereitete Tendenz und Absicht zur Verhaltensänderung. Es erfolgt weiterhin Entlastung des eventuell schlechten Gewissens aus der Selbstverurteilung und löst negative Betroffenheit aus. Jetzt können wir zu den abschließenden Phasen der Konsequenzen und Konkretisierung der Verhaltensänderung überleiten.

| | |
|---|---|
| **4. Phase:** | **Anerkennung** |
| **Text:** | Schön, das freut mich, dass Sie das auch so sehen.<br>Freut mich, dass Sie der gleichen Auffassung sind.<br>Prima, dass wir hier auch an einem Strang ziehen. |
| **Achtung:** | Die Anerkennung und Bestätigung muss blitzartig und ohne lange Ausschmückungen erfolgen. |

## Was schlagen Sie vor?



Zur Konkretisierung von Maßnahmen, die zur Verhaltensänderung führen, wird wieder die ganze Aktivität des Mitarbeiters gefordert. Wir benutzen hier die aus dem Motivationsgespräch schon gut bekannte und geläufige Vorgehensweise „Was schlagen Sie vor?“. Im Grunde ist das auch der Hauptteil des Tadels, gar nicht so sehr die spektakuläre Selbstverurteilung aus Phase drei. Hier lassen wir uns auch ein wenig Zeit, um dem Mitarbeiter die Möglichkeit zur konstruktiven Entwicklung seiner Vorstellungen zu geben. Natürlich lassen wir es in dieser wichtigen Phase nicht bei einer einleitenden Frage bewenden, lehnen uns dann zurück, um die Vorstellungen des Mitarbeiters zur Kenntnis zu nehmen. Jetzt entwickelt sich vielmehr ein intensiver Dialog mit einem Wechsel an Bestätigungen, ermutigenden, helfenden und erkenntnisleitenden Zusatzfragen. Am Ende soll ein vom Mitarbeiter entwickeltes, gemeinsam unterstütztes Konzept oder Programm zur konkreten Verhaltensänderung stehen.

## Konkrete Vereinbarung

In dieser Phase erfolgt zur Absicherung die sachliche Vereinbarung des Programms, am besten sogar mit schriftlicher Fixierung der Lösungsvorschläge und Terminierung des beabsichtigten Vollzugs.

Damit haben wir auch die Vorbereitung und Legitimation zur konkreten und konsequenten Kontrolle, wie weit die beabsichtigten Veränderungen im vereinbarten Zeitraum auch eingetreten sind. Gibt es Abweichungen vom vereinbarten Ziel, können Ursachen besprochen und weitere Schritte aus dem Ergebnis der Kontrolle vereinbart werden.

| | |
|---|---|
| **5. Phase:** | **Was schlagen Sie vor?** |
| **Text:** | Was wollen Sie tun, damit das in Zukunft anders wird?<br>Wie wollen Sie sicherstellen, dass künftig ...?<br>Was schlagen Sie zur Korrektur vor?<br>Was wollen Sie jetzt unternehmen, um ...?<br>Welche Schritte müssen Sie einleiten, um den erwünschten Zustand zu erreichen? |

# PHILOSOPHIE

Wir erkennen sicherlich beim Umgang mit der Methode, dass erfolgreich tadeln auch Mut zur Konsequenz heißt. Mut zu der Konsequenz, sich als Führungskraft zu fragen: Glaube ich an den Mitarbeiter? Traue ich ihm die Veränderung zu? Oder habe ich die Einstellung, dass er das Ziel nicht erreicht? Dann wird sich die Wirkung der self fulfilling prophecy in katastrophaler Weise einstellen.

Inwiefern wirkt das Tadelgespräch motivierend? Nun, der Mitarbeiter erhält Anerkennung, Bestätigung seiner Person. Ein durch die Selbstverurteilung mög-

| | |
|---|---|
| **6. Phase:** | **Konkrete Vereinbarung** |
| **Text:** | Gut, ich verlasse mich darauf.<br>Wann sprechen wir wieder darüber?<br>Bis wann berichten Sie über das Resultat? |
| **Achtung:** | Lösungsvorschläge mit Terminierung protokollieren. |

licherweise aufkommendes schlechtes Gewissen wird vorsorglich entlastet. Und entscheidend ist, dass der Mitarbeiter Tadel nicht als emotionale Last erlebt, sondern als sachlichen, kurzen und präzisen Vorgang. Er wird nicht bloßgestellt oder blamiert. Psychologisch wird hier ganz deutlich mit dem Lernen durch eigene Einsicht gearbeitet. Die Führungskraft führt, behutsam assistierend, aber konsequent, mit entsprechender Technik zum einsichtsvollen Lernen hin.

Die Ziele lassen sich wie folgt schlaglichtartig darstellen:

- Zukunft hat Vorrang vor Vergangenheit.
- Mit Rechtfertigungen stehen wir uns selbst im Weg.
- Tadeln, um zu motivieren.
- Den Mitarbeiter sich selbst verurteilen lassen.

Was muss nach dem Tadelgespräch erfolgen? Natürlich Kontrolle und ein entsprechendes Kontrollgespräch. Kontrolle findet aber nicht statt, um den Mitarbeiter bei Nichterfüllung und Abweichung zu erwischen, sondern um ihm zu helfen, notwendige Veränderungen zu seinem Vorteil und zum Vorteil der Firma auch sicher zu erreichen.

Wir haben in Phase drei schon problematische Punkte am Tadel angesprochen. Tadel muss im Gesamtzusammenhang der Führungsmittel gesehen und praktiziert werden, sonst bleibt er wirkungslos. Es gibt Gründe, warum Tadelgespräche nicht funktionieren, also wirkungslos bleiben.

Wir dürfen ein Tadelgespräch niemals zur Erzielung objektiver Leistungen, zum Beispiel auf Mehrumsatz bezogen, verwenden. Wenn der Umsatz bei einem Mitarbeiter im Verkauf nicht stimmt, dann sollten wir unterstellen, dass nicht Vorsatz oder wissentliches Falsch-Handeln ursächlich sind. Es kommt natürlich auch auf die Kunst des richtigen Fragens an. Die Fragen müssen so gestellt werden, dass sie zur Selbstverurteilung führen. Das erfordert professionelle Fragetechnik, aber auch richtige Anteilnahme (Empathie).

## Merkkarte Tadel/Vorderseite

**Tadel** **Philosophie**

Zukunft hat Vorrang vor Vergangenheit.

Mit Rechtfertigungen stehen wir uns selbst im Weg.

Tadeln, um zu motivieren.

Ein Übel abstellen.

Den Mitarbeiter sich selbst verurteilen lassen.

## Merkkarte Tadel/Rückseite

**Tadel** **Methode**

Kurzer, allgemeiner, positiver Einstieg.

Fakten wertneutral nennen.

Mitarbeiter sich selbst verurteilen lassen
Achtung: Rechtfertigung unterbrechen.

Anerkennung, Bestätigung.

Was schlagen Sie vor?

Konkrete Vereinbarung.

# Die Kontrolle

## WAS IST KONTROLLE?

Unter Kontrolle versteht man allgemein die Überwachung des betrieblichen Geschehens. Dabei wird in der Praxis geprüft, ob die Soll-Werte (Plandaten) mit den Ist-Werten (Ergebnisse) des betrieblichen Handelns übereinstimmen. Abweichungen werden festgehalten und notwendige Veränderungen und Maßnahmen abgeleitet. Letzteres ist Hauptzweck der Kontrolle im Rahmen von Programmen zur Prozessoptimierung. Insofern ist Kontrolle Bestandteil jeglichen unternehmerischen, auf definierte Ziele ausgerichteten Handelns und damit letzte Phase im Führungsprozess.

Grundsätzlich kann man Kontrolle unterscheiden als Ergebniskontrolle, wenn Objekte die erzielten Ergebnisse sind, und als Verhaltenskontrolle, wenn das Objekt des Interesses das Verhalten des Mitarbeiters im Führungs- und Arbeitsprozess ist.

Die moderne Betriebswirtschaft bezeichnet Kontrolle auch mit dem neuhochdeutschen Wort „Controlling". Hier besteht aber keine völlige Sinnkongruenz. Denn der Begriff Controlling geht gemeinhin über die Kontrolle hinaus und beinhaltet auch die Planung und Steuerung der betrieblichen Prozesse.

Im Unterschied zur Kontrolle ist Controlling dort, wo es in Unternehmen existiert, als Bereich, Abteilung oder mindestens in Form einer Funktionsstellung in die Unternehmensorganisation eingegliedert. Mit dieser Form des institutionalisierten Controlling wollen wir uns hier nicht beschäftigen. Stellt jedoch das Unternehmens-Controlling schon sehr hohe Anforderungen an die fachliche Qualifikation der Stelleninhaber, dann ist die personelle und kommunikative Akzeptanz häufig in der Praxis ein zusätzlich die Aufgabenerfüllung erschwerendes Element. Daher kann die Benutzung unserer Führungsmethoden, insbesondere des Führungsmittels Kontrolle, auch für professionelle Controller eine Bereicherung, Erleichterung und Steigerung der Effizienz ihrer Arbeit sein. Sie sollten allerdings kein isoliertes Teiltraining nur in Kontrolle versuchen, sondern schon den Gesamtzusammenhang des Trainings herstellen, da auch die Kontrolle progressiv auf die anderen Methoden aufbaut.

Kontrolle an sich ist ein wertneutraler Vorgang des Feststellens und Vergleichens von Daten und Werten, mehr nicht. Daher ist Kontrolle zunächst genauso wenig mit menschlicher Problematik behaftet, wie die Herstellung einer technischen Zeichnung, die Bandeinrichtung im Fertigungsprozess oder eine Lagerinventur. Die Probleme beginnen bei den Absichten und enden bei den Folgen. Für manchen Chef besteht Kontrolle leider von vornherein aus dem krassen Missverständnis und unberechenbarer Jagd nach Fehlern. Unerwartete Stichproben werden aus Gründen der Kontrolle gemacht, verdienen aber mehr die Lorbeeren des Floretts. Und manchmal wird die Auswertung der Ergebnisse der Kontrolle zum kommunikativen Stolperstein.

Es gibt das verbreitete Vorurteil, Fehler bei der Arbeit seien auf menschliches Versagen am Arbeitsplatz zurückzuführen. Die Ausführenden werden zu Versagern gestempelt. Vorgesetzte betrachten es daher bisweilen als ihre Aufgabe, aus solchen „Versagern" unter den bestehenden Bedingungen noch das Beste herauszuholen. Man spricht dann von großer Durchsetzungskraft in der Führung. Das in Wahrheit dahinter stehende Ziel heißt aber, den Willen der Unternehmensleitung gegen Unbotmäßigkeit, Dummheit, Faulheit und Gleichgültigkeit durchzusetzen. Als Mittel für die Durchsetzung solcher Ziele gilt die möglichst lückenlose Kontrolle und Überwachung.

So mit Misstrauen belastete Kontrolle dient dazu, dem Untergebenen Fehler nachzuweisen, ihm „auf die Schliche" zu kommen. Diese Jagd nach Fehlern wird von manchen Vorgesetzten dazu benutzt, Mitarbeiter hereinzulegen. Systematische Kontrolle wird zur systematischen Fehlersuche missbraucht. Manchmal werden die Überführten sogar zur Strafe für ihr Versagen bloßgestellt, sozusagen als warnende Beispiele.

Kontrollen, die grundsätzlich davon ausgehen, dass der Mitarbeiter weitgehend unfähig ist und negative Absichten hat, werden zwangsläufig zur Jagd auf Fehler. Sie werden gefürchtet, denn sie können nur Minuspunkte in der Beurteilung durch den Vorgesetzten einbringen und damit sogar das berufliche Fortkommen behindern.

Dadurch wird die Einstellung zu Fehlern unsachlich gemacht: Während es dem Kontrolleur darauf ankommt, Fehler aufzudecken, fühlt sich der Kontrollierte gezwungen, sie zu verbergen. Ein Teufelskreis für jede Zusammenarbeit, der, um auf ein bereits angesprochenes Thema zurückzukommen, bereits in Schule und Ausbildung gezüchtet wird.

Wozu also brauchen wir überhaupt Kontrolle? Von jeder Aufgabe muss eine klare Ziel- und Ergebnisvorstellung vorhanden sein. Diese können wir mit dem zu erwartenden Soll-Zustand gleichsetzen. Der Vergleich der Soll-Vorstellung mit dem in einer Aufgabe erbrachten Ergebnis, dem Ist-Zustand, führt zum Soll-Ist-Vergleich des kybernetischen Modells. Dieser ist natürlich nur möglich, wenn man sich vorher ein Bild vom Ist-Zustand gemacht hat. Das wiederum geschieht durch Kontrolle. Folglich stellt Kontrolle die Abweichungen zwischen Soll und Ist fest. Ein ganz neutraler, sachlicher Vorgang also.

Welchen Grund gäbe es dann, Kontrolle abzulehnen, zu hintergehen, zu unterlaufen? Allenfalls Meinungsverschiedenheiten über die Richtigkeit ermittelter Soll-Ist-Zustände. Diese können aber die Kontrolle als notwendiges Mittel zur Feststellung von definierten Zuständen nicht infrage stellen.

Da wir Kontrolle als wertneutralen, sachlichen Vorgang beschrieben haben, kann sie selbst auch nicht motivieren oder motivierend wirken. Denn Motivation ist ein Komplex aus Einstellungen und Gefühlen. Entscheidend ist auch ganz einfach, was mit dem Ergebnis der Kontrolle getan wird, gleichgültig wie es ausgefallen ist. Nehmen wir einmal an, das Ergebnis eines kontrollierten Prozesses sei negativ. Selbstverständlich geht es um die Zielsetzung, dem Ausführenden klarzumachen, dass das Ergebnis seiner Arbeit zu wünschen übrig lässt. Das kann aber – unter falscher Kommunikation – den Mitarbeiter nicht nur demotivieren, sondern auch zur Quelle neuer Fehlleistungen werden. Wir kennen aus wissenschaftlichen Studien die verheerende Wirkung der Misserfolgsmotivation (Heckhausen, 1965). Es kommt also darauf an, was nach erfolgter Kontrolle passiert. Richtig geführt, ist das Kontrollfolgegespräch eine ausgezeichnete Gelegenheit, die Leistungs- und Einsatzbereitschaft des Mitarbeiters zu heben, indem wir die Mechanismen der Erfolgsmotivation nutzen. Es muss daher eine Herausforderung an jeden Vorgesetzten sein, negative Ergebnisse von Kontrollen zum Ausgangspunkt eines aufbauenden Kritikgesprächs zu machen.



Was ist denn in der Praxis mit den positiven Ergebnissen von Kontrollen? Es gibt immer noch Chefs, für die sind das Erscheinungen, die sie nicht besonders beachten müssen. Erfreulicherweise werden die Vorgesetzten, die gute Leistungen und erwartungsgemäße Ergebnisse als Selbstverständlichkeiten ansehen und Mitarbeiter nur bei Fehlern ansprechen, immer seltener. Wir sollten immer daran denken: Hatte der Kontrollvorgang ein positives, erwartetes Ergebnis, dann sollte das dem Mitarbeiter gegenüber gebührend zum Ausdruck kommen. Die Führungskraft, die dem Mitarbeiter das Erfolgserlebnis einer guten Leistung nicht vorenthält, wird bei notwendiger Kritik leicht Einsicht beim Mitarbeiter finden.

Entscheidend ist also, ob und in welcher Weise von dem Ergebnis der Kontrolle Gebrauch gemacht wird und wie das Gespräch mit dem Mitarbeiter geführt wird. Auf eine einfache Formel gebracht heißt das:

*Kontrolle ist eine Chance, erfolgreich zu führen.*

# DAS KONTROLLGESPRÄCH

Eigentlich müssen wir vom Kontrollfolgegespräch reden. Denn die Kontrolle der Ergebnisse und Verhaltensweisen selbst ist eine technische Angelegenheit der Programmierung, Beobachtung und vergleichenden Registrierung der infrage kommenden Daten. Wenn Kontrolle aber ein Führungsmittel sein soll, dann müssen wir bei dem Zeitpunkt nach der Kontrolle, bei der Auswertung, dem Gespräch zwischen Kontrollierendem und Kontrolliertem, ansetzen. Entscheidend für das künftige Verhalten des Mitarbeiters sind die Ergebnisse der Kontrolle, was damit geschieht und wie damit umgegangen wird.

## Allgemein positiver Einstieg

Wie bei allen Methoden, kommt es auch hier wieder auf die Schaffung eines positiven Gesprächsklimas, auf einen positiven Einstieg in der ersten Phase an. Ironie und Ja-aber-Haltungen sind fehl am Platz.

Die Überleitung zur zweiten Phase ist ein wichtiger Schritt, der mit der Philosophie der Kontrolle eng verknüpft ist. Mitarbeiter sollten grundsätzlich immer wissen, wann Kontrolle stattfindet.

Gute Kontrolle im Sinne eines Führungsmittels erfolgt niemals überraschend, sondern ist immer angekündigt. Der Übergang von der ersten zur zweiten Phase ist die Bestätigung dafür: Keine Kontrolle, die nicht vereinbart wurde und kein Gespräch über Kontrolle, das dem Mitarbeiter nicht vorher bekannt ist. Auch das ist wichtig, wenn man partnerschaftliche Kooperation als Bestandteil des Unternehmenskonzepts auch wirklich meint.

| | |
|---|---|
| **1. Phase:** | **Allgemein positiver Einstieg** |
| **Text:** | Ein gutes Stück Arbeit liegt hinter uns.<br>Im Allgemeinen schätze ich Ihre Arbeit sehr.<br>Grundsätzlich bin ich mit Ihrer Leistung zufrieden.<br>Es freut mich, dass Sie Ihre Ziele im Großen und Ganzen erreichen. |
| **Achtung:** | kein „... aber ...“ folgen lassen. |
| **Text:** | Wir hatten vereinbart, dass wir heute über die Ergebnisse aus dem Projekt ABC sprechen wollen. |
| **Überleitung zur 2. Phase** | Wir waren so verblieben, uns heute die Ergebnisse von ... gemeinsam anzusehen. |

## Ergebnisse Punkt für Punkt durchgehen

Mit einleitenden Worten im Sinne der Textbausteine werden die Ergebnisse der Kontrolle zunächst sachlich und ohne Bewertung betrachtet und ohne Kommentar zur Kenntnis genommen. Dabei werden auch keinerlei Prioritäten gesetzt, etwa nach dem Motto, erst mal die guten, dann die schlechten Resultate. Nein, die Ergebnisse werden in der anfallenden Reihe zunächst schlicht in Augenschein genommen, um gemeinsam einen übereinstimmenden Erkenntnisstand sicherzustellen.



| | |
|---|---|
| **2. Phase:** | **Ergebnisse Punkt für Punkt durchgehen** |
| **Text:** | Lassen Sie uns die Ergebnisse der Reihe nach durchgehen ...<br>Folgende Ergebnisse können wir heute feststellen ...<br>Die eingeleiteten Maßnahmen haben heute folgenden Stand erreicht ...<br>Wir können heute auf diese Ergebnisse blicken ...<br>Diese Resultate nehmen wir jetzt zur Kenntnis ... |

| | |
|---|---|
| **3. Phase:** | **Fragen – Fragen – Fragen** |
| | **Jetzt Resultat hinterfragen** |
| **Text:** | Wie haben Sie das erreicht?<br>Gab es auf dem Weg dahin besondere Schwierigkeiten?<br>Haben Sie das so erwartet?<br>Ist Ihnen das leicht gefallen?<br>Sind Sie mit dem Erreichten zufrieden?<br>Wie sind Sie vorgegangen?<br>Welche Schwerpunkte haben Sie bei der Arbeit gesetzt?<br>Worauf haben Sie besonders geachtet?<br>Worauf legen Sie besonderen Wert?<br>Was hat Ihnen besonders geholfen? |

## Fragen – Fragen – Fragen

Nachdem alle Ergebnisse wertneutral zur Kenntnis genommen wurden und ein Gleichstand der Informationen gesichert ist, werden Fragen über Fragen gestellt. Für Ihre ersten Übungen mögen die im Rahmen dargestellten Textbausteine genügen, um sich überhaupt mit der Fragephase vertraut zu machen. Entscheidend ist, dass jetzt jedes einzelne Resultat ohne eine Rangfolge der Reihe nach aufgegriffen und dialogisch hinterfragt wird. Sinn und Zweck ist, dass der Mitarbeiter, durch die Fragen gelenkt, über die Ergebnisse und ihr Zustandekommen nachdenkt und aus eigener Reflexion Gründe, Relativierungen und Verbesserungsvorschläge entwickeln kann. Es handelt sich also um ein analytisches Gespräch. Wir nehmen in diesem Prozess gleichzeitig Informationen darüber auf, was den Mitarbeiter auf dem Weg der Zielerreichung beschäftigt oder bedrückt hat, was ihm leicht gefallen ist, wo sich Probleme auftaten und wie er diese gemeistert hat. Wir lernen dabei viel über das Arbeitsverhalten, Einstellungen zur Aufgabe und zum Problemlöseverhalten des Mitarbeiters. Es soll ein durch Fragen gestützer intensiver Dialog über den Verlauf der Arbeit und der Maßnahmen zur Ergebnissicherung stattfinden:

*Das Kontrollfolgegespräch – ein lebendiger Dialog.*

Wenn wir diese wichtige Phase nach einer gewissen Grundsicherheit noch professioneller gestalten möchten, dann bietet sich eine besondere Fragesystematik an. Wir unterscheiden hier zwei Fragekomplexe oder -zielrichtungen, je nachdem, ob wir Erfolgs- und Ergebniskontrolle mit Bezug zur Vergangenheit oder Planungskontrolle mit Bezug auf die Zukunft beabsichtigen. Wir können außerdem innerhalb dieser Komplexe das Augenmerk auf die Analyse von Soll- und Ist-Zuständen richten, die getroffenen Maßnahmen eruieren, nach Alternativen fragen, Wünsche nach Unterstützung fststellen und natürlich auch Konkretisierungen für künftige Aufgaben fixieren. Im folgenden Rahmen werden unter dieser Systematik einige Beispiele für erweiterte Frageimpulse vorgeschlagen.

## Bestätigung der Antworten

Hier kommt wieder das gesamte Repertoire von verbaler, körperlicher und sozialer Bestätigung zum Tragen. Dabei muss beachtet werden, dass diese Phase nicht an die Fragephase angehängt, sondern in diese integriert angewandt wird. Das käme zu hölzern und steif daher, wollten wir nach dem lebendigen Dialog der Fragephase erst bestätigen. Es geht darum, die Antworten und Ideen des Mitarbeiters zu bestätigen, um ihn zu weiteren Ideen und Gedanken zu animieren und die Reflexion darüber wach zu halten.

### Ergänzende Fragen zur Ergebniskontrolle

| **Fragen nach** | **Text** |
|---|---|
| **Soll-Zustand:** | Welche Ziele hatten Sie sich gesetzt?<br>Warum gerade diese Ziele?<br>Was wollten Sie damit erreichen? |
| **Ist-Zustand:** | Was haben Sie erreicht?<br>Sind Sie mit dem Erreichten zufrieden?<br>Wäre noch mehr drin? |
| **Maßnahmen:** | Wodurch wurde dieses Ergebnis erreicht?<br>Was hat Ihnen besonders geholfen?<br>Welche besonderen Maßnahmen haben Sie ergriffen? |
| **Alternativen:** | Was hätten Sie besser machen können?<br>Was wollen Sie noch unternehmen?<br>Was hätte auch leicht schief gehen können?<br>Hätte es auch schlechter laufen können?<br>Wie haben Sie das verhindert? |
| **Unterstützung:** | Können wir helfen?<br>Wer kann Ihnen dabei weiterhelfen?<br>Brauchen Sie weitere Unterstützung? |
| **Konkretisierung:** | Was bedeutet das für die Zukunft?<br>Worauf müssen Sie besonders achten?<br>Was werden Sie weiter unternehmen?<br>Wie wollen wir verbleiben? |
| | Wichtiges protokollieren!<br>Ausführungstermine fixieren! |

## Ergänzende Fragen zur Planungskontrolle

| Fragen nach | Text |
|---|---|
| **Soll-Zustand:** | Welches Ziel haben Sie sich in Bezug auf … vorgenommen?<br>Wäre auch eine andere Zielsetzung möglich?<br>Was wollen Sie in Zukunft anpacken? |
| **Ist-Zustand:** | Von welchen Voraussetzungen gehen Sie aus?<br>Wie ist der derzeitige Stand?<br>Was ist die Basis Ihrer Überlegungen? |
| **Maßnahmen:** | Wie wollen Sie vorgehen?<br>Gibt es noch andere Möglichkeiten?<br>Wen wollen Sie noch mit einschalten?<br>Planen Sie Zwischenschritte? |
| **Alternativen:** | Wenn Sie feststellen, das Ziel ist nicht zu erreichen, was wollen Sie dann tun?<br>Wen wollen Sie dann einschalten?<br>Gäbe es noch andere Möglichkeiten? |
| **Unterstützung:** | Was können wir tun, damit Sie das Ziel erreichen?<br>Wie weit können wir Sie dabei unterstützen?<br>Wer kann Ihnen sonst noch helfen? |
| **Konkretisierung:** | Halten wir also Folgendes fest …<br>Was ist also festzuhalten?<br>Wie lange brauchen Sie dazu?<br>Wann sprechen wir wieder darüber?<br><br>Wichtiges protokollieren!<br>Ausführungstermine fixieren! |

| | |
|---|---|
| **4. Phase:** | **Bestätigung der Antworten** |
| **Text:** | Das wird Sie erheblich weiterbringen.<br>Das scheint mir sehr realistisch.<br>Das dürfte den Versuch wert sein.<br>Ich schätze Ihren Einfallsreichtum.<br>Ich wusste, dass Sie das schaffen.<br>So könnte es gehen.<br>Das ist eine gute Möglichkeit. |
| **Achtung:** | Bestätigungen sind auch aktives Zuhören, Kopfnicken, Augenkontakt, Interessebekundung.<br><br>Weitere Bestätigungen sind „ja“, „hm“, „ah ja!“, „aha“, „schön“, „prima“ und ähnliche verbale Ausdrücke des aktiven Zuhörens.<br><br>Die Phase wird nicht nach, sondern während der vorausgehenden benutzt. Dabei werden die Bestätigungen praktisch bei jeder Antwort des Mitarbeiters eingeschoben (dialogische Bestätigungen). |

# PHILOSOPHIE

Die konkrete Vereinbarung haben wir jetzt schon vielfach geübt, dass sich ein Kommentar dazu für das Verständnis erübrigt. In der Einleitung haben wir festgelegt, was Kontrolle eigentlich ist und will, wenn sie als Führungsmittel gebraucht werden soll. Dort ist auch schon die Philosophie, der psychologische Hintergrund angelegt.

Wir halten aber fest: Gute Kontrolle muss für den Kontrollierten vorhersehbar sein. Sie ist ein sachlicher, wertneutraler Vorgang und kann daher per se nicht motivieren. Aber wie wir mit dem Ergebnis der Kontrolle umgehen, das kann durchaus motivierend für den Mitarbeiter sein. Er wird Kontrolle geradezu mögen, wenn er erlebt, dass auch die regulären, die erwartungsgemäßen Ergeb-

| | |
|---|---|
| **5. Phase:** | **Konkrete Vereinbarungen** |
| **Text:** | Halten wir also Folgendes fest ...<br>Wie wollen wir konkret verbleiben?<br>Wann können wir mit welchen Ergebnissen rechnen?<br>Was wollen wir festhalten?<br>Dann können wir also davon ausgehen, dass ...? |
| **Achtung:** | Wichtiges protokollieren!<br>Termine fixieren! |

nisse und nicht nur die herausragenden oder die Fehlanzeigen kontrolliert und gewürdigt werden. Dann wird Kontrolle ein motivierendes Führungsmittel, nach dem manche Mitarbeiter fast süchtig werden.

*Gute Kontrolle ist ein Anlass zum Lob.*

Aber was folgt nach der Kontrolle, nach dem Kontrollfolgegespräch mit den festgestellten negativen Ergebnissen, die wir ja nicht verstärken, sondern in der Zukunft verändern, verbessern wollen? Wie begleiten wir den beabsichtigten Entwicklungsprozess des Mitarbeiters? Nun, wir haben eine Reihe von Führungsmitteln, die korrigierend und leistungsfördernd wirken. Diese lassen sich unter konsequenter Berücksichtigung ihrer jeweiligen Voraussetzungen und Bedingungen wie folgt einsetzen:

Wenn das Ergebnis der Kontrolle negativ war, können wir gezielt einsetzen: Motivationsgespräch, Qualifikationsgespräch, Kritikgespräch, Tadelgespräch.

Wenn das Ergebnis der Kontrolle positiv war, können wir gezielt einsetzen: Lob, Anerkennung – Bestätigung, Anteil nehmen, Motivationsgespräch.

## Merkkarte Kontrolle/Vorderseite

**Kontrolle** **Philosophie**

Zukunft hat Vorrang vor Vergangenheit.

Gute Kontrolle ist für den Kontrollierten vorhersehbar.

Keine Jagd auf Fehler!

Kontrolle – um einen Anlass zum Lob zu finden.

## Merkkarte Kontrolle/Rückseite

**Kontrolle** **Methode**

- Allgemein positiver Einstieg.
- Ergebnisse Punkt für Punkt durchgehen.
- Fragen – Fragen – Fragen.
  Jedes Resultat hinterfragen!
- Gute Bestätigungen der Antworten.
  In 3. Phase integriert.
- Konkrete Vereinbarung.

# Teil 3

# Wirkung und Wirkungskontrolle

# Verbesserung situativen Verhaltens

## BEWUSST WIRKEN

Führungskräfte wirken in ihrem Unternehmen in drei Richtungen: nach unten, oben und außen. Was meinen Sie, was ist wichtiger für den langfristigen Erfolg eines Unternehmens: unsere Wirkung nach unten oder unsere Wirkung nach oben und außen? Interessanterweise ist eine Mehrheit von Seminarteilnehmern bei Abstimmungen über diese Frage zunächst spontan für die „Wirkung nach unten", glaubt also, die entscheidenden Maßnahmen in der Einwirkung auf die Mitarbeiter sehen zu müssen. Das ist durchaus verständlich, da doch Führungskräfte vor allem des unteren und mittleren Levels darauf geprägt sind, nach unten, auf die ihnen anvertrauten Mitarbeiter zu wirken und diese zur Arbeit und Zielerfüllung zu bewegen. Erst in der Diskussion über die langfristige Bedeutung der Wirkungsrichtungen kippen die Mehrheiten zugunsten der „Wirkung nach oben und außen". Es wird dann deutlich, dass die Wirkung einer Führungskraft vor allem nach oben und außen gerichtet sein muss. Das ist sicher nicht selbstverständlich und alltäglich.

Beleuchten wir die Fragestellung doch einmal von einer ganz anderen Seite. Was wollen Mitarbeiter lieber – einen starken oder einen schwachen Chef? Natürlich ist Ihnen ein starker Chef, der im Unternehmen eine spürbare Position und Bedeutung innehat, also nach oben und außen in Erscheinung tritt, ungleich lieber. Die Identifikation klappt besser, die persönliche Aufwertung spielt eine Rolle, der für den Menschen so wichtige Stolz entwickelt sich leichter. Hand aufs Herz – und ganz ehrlich gefragt: Was ist denn, wenn mein Chef eine Pfeife ist? Dann bin ich doch auch eine. Das will ich natürlich nicht sein, das will keiner.

Sind Sie schon einmal von einem Mitarbeiter richtig kritisiert worden? Ich kann nur sagen: hoffentlich! Denn dadurch zeigen sich seine Wirkung nach oben, persönlicher Mut, die so oft gewünschte Courage. Warum macht ein Mitarbeiter so etwas? Welches Bedürfnis steckt dahinter? Jawohl, er will aufschauen zu seinem Chef, er will stolz sein auf ihn, daher der Mut zur Kritik, um das, was aus seiner Sicht nicht in Ordnung ist, zu verändern.

Solche Phänomene lassen sich auch mit der von dem amerikanischen Sozialpsychologen Festinger entwickelten Theorie der kognitiven Dissonanz erklären: Solange es in unserem Umfeld von unserer Vorstellung abweichende Einstellungen und Haltungen gibt, werden wir versuchen, nicht mit unserem Denken vereinbarte Unterschiede zu harmonisieren, in Einklang zu bringen. Das kann zur Einstellungsänderung unsererseits führen. Es kann aber auch sein, dass wir versuchen, Veränderungen im Umfeld herbeizuführen. Dadurch kann eine starke Triebfeder, der Mut zur Kritik am Chef, entstehen.

Nehmen wir ein einfaches Beispiel. Im letzten Jahrzehnt sind die Kosten für Außendienstler enorm gestiegen. In vielen Firmen sind die Aufwendungen für Spesen eher gekürzt als angepasst worden. Stellen Sie sich vor, Mitarbeiter verlangen Erhöhung der Spesen. Ein leutseliger und kumpelhafter Chef macht Äußerungen wie „ich kümmere mich drum“, „ich sorge für euch“. Er sagt nicht deutlich die Durchsetzung der Spesenerhöhung zu, sagt aber auch nicht, dass das nicht infrage kommt, hinterlässt aber bei den Mitarbeitern den Eindruck, dass er alles in ihrem Sinne regeln werde. Er will sein Gesicht als starker Chef vor den Mitarbeitern wahren und zeigt Verständnis und Einsatz, um Anerkennung zu ernten. Die Mitarbeiter werten das als Zusage, dass er die Ansprüche nach oben durchsetzen wird. Natürlich wird sein Anliegen oben abgelehnt. Das muss er jetzt seinen Mitarbeitern sagen. Was passiert? Sein Stern, seine Anerkennung und Akzeptanz sinken, weil er vermeintlich etwas zugesagt hat, was er nicht einlösen konnte. Die Mitarbeiter erleben einen schwachen Chef, der sich nicht erwartungsgemäß durchsetzen konnte. Dieser Chef war in Wahrheit nur auf seine momentane Sympathiewirkung nach unten bedacht, ist nach oben ohnmächtig und fällt deswegen bei seinen Mitarbeitern immer mehr durch. Daher ist die Wirkung einer Führungskraft nach oben so entscheidend. Die Wirkung eines nach oben starken Chefs ergibt sich nach unten von alleine.

Diese Erkenntnis ist auch wichtig bei der Anwendung unserer Führungsmittel aus den vorausgehenden Kapiteln. Sie werden nur wirken, wenn Mitarbeiter auch spüren, dass wir eine starke Stellung im Unternehmen nach oben haben.

Das Ziel einer jeden Führungskraft muss es also sein, bester Berater des Chefs zu werden, und das heißt, bewusst nach oben wirken wollen. Das wäre die konstruktivste und positivste Auswertung der Erkenntnis von der Wirkung nach oben. Wir können also folgende Handlungsmaximen ableiten:

- Ich will bester Berater meines Chefs sein.
- Ich will bewusst nach oben wirken.

Ähnlich verhält es sich mit der Wirkung nach außen. Wir wissen um die Anerkennung und Wertschätzung, die Chefs erleben, die über ihr Tagesgeschäft hinaus spürbar nach außen wirken. Sei es durch aktive Öffentlichkeitsarbeit, Verbandsarbeit, Lehraufträge, Mitwirkung in Kommissionen und Gremien, Ehrenämter. Innovative und kreative Unternehmen legen ihren Führungskräften die Außenwirkung als zusätzliche Aufgabe nahe, weil sie die Rückwirkungen auf das Führungsverhalten einerseits, auf das Image der Firma andererseits schätzen. Das ist ein Teil lebendiger, gelebter Corporate Identity, die sich nicht nur in der formalen Präsentation von Schriftbildern, Visitenkarten, Logos, Markenbewusstsein, Sozialleistungen oder Incentive-Programmen darstellt.

# ENTWICKLUNG VON KREATIVITÄT

Es gibt, weiß Gott, genug Literatur zum Thema Kreativität. Muss man diesem Thema denn hier auch noch einen Abschnitt widmen? Nun, es liegen immerhin bereits 13 Kapitel mit Themen und Methoden zur kreativen Führung hinter uns. Wir suchten nach positiven Vorstellungen, Einstellungen, Visionen, haben Methoden zur Motivation, zum bewussten Lob, zu Qualifikation, Kritik, Konfrontation, Tadel, Kontrolle kennen gelernt. Die sollen alle helfen, Mitarbeiter kreativ zu führen, das heißt, ihre Arbeit kreativ und selbstbestimmt entwickeln zu helfen. Lassen Sie uns darüber hinaus noch sehen, wie man mit einfachen, aber konkreten Mitteln auch im beruflichen und privaten Alltag kreativer sein kann. Lassen Sie uns Kreativität alltäglich erleben!



## Der persönliche Steckbrief

Im Teilnehmertraining fangen wir schon beim Einstieg an, die Kreativität der Teilnehmer zu fördern und zu fordern. Es gibt heute eine Fülle von netten, auflockernden Eröffnungs- und Kennenlern-Spielchen, mit denen routinierte Trainer heute immer wieder die Teilnehmer frappieren und begeistern. Dabei scheint es manchmal mehr um gruppendynamische Akrobatik, denn um die Ankurbelung von Lern- und Erkenntnisprozessen zu gehen.

Seit vielen Jahren verwenden wir zu Beginn der Trainings zum warming-up, Kennenlernen und Anregung von Motivation, Kommunikation, Kooperation, vor allem der persönlichen Kreativität, eine einfache, aber brisante Übung mit Modifikationen. Es handelt sich um den persönlichen Steckbrief, den wir statt gruppendynamischer Trockenübungen und üblicher Vorstellungsrituale benutzen, um spontan sehr viel persönliche Kreativität bei den Teilnehmern freizusetzen. Er besteht aus einem DIN-A4-Blatt, dessen Vorderseite wir auf der folgenden Seite abdrucken. Die Rückseite ist frei.

Die Aufgabe besteht, nach guter Vorbereitung, in einer brisanten persönlichen Präsentation des Steckbriefs jedes Teilnehmers vor der Gruppe. Neben den vielen interessanten Informationen, die einzelne Teilnehmer sehr offen von sich geben, entsteht ein wahres Panoptikum an spontaner informeller Kreativität, die als Arbeitsbasis für die weiteren Trainingsabschnitte gebraucht wird. Am beeindruckendsten ist immer wieder die Vielfalt an abstrakten und konkreten bildlichen Darstellungen der Selbstbefindlichkeiten am Ende der Übung. Es ist schon erstaunlich, wie kreativ Menschen aus Buchhaltung, Produktion, Lagerverwaltung, Schreibbüros, Behörden und Verbänden plötzlich werden können, wenn sie einmal die Möglichkeit dazu haben.

Kreativität ist nicht einfach da. Sie fliegt auch nicht so durch den Kosmos und küsst den einen oder anderen begnadeten unter den Mitmenschen, so wie wir das von der Mythologie der Muse überliefert bekommen. Nein, Kreativität muss zunächst überhaupt wirklich erwünscht, gewollt und gefordert werden. Im Alltag wird sie leider meist zertrampelt, in die Ecke gestellt, geschlachtet. Sie wird bestenfalls dann gefordert, wenn ein gewichtiges Problem zu bewältigen ist oder eine neue Entwicklung bevorsteht. Dann wird Kreativität plötzlich gebraucht, sie wird zweckbestimmt und verliert damit ihren Charakter. Sie kann dann entwickelt und gefördert werden, wenn sie zum alltäglichen Rüstzeug und Handwerk gehört. Man kann das Phänomen an manchen so genannten Berufskreativen, den Werbeleuten, Deisgnern, Architekten, gut studieren. Sie vollbringen schöpferische Leistungen, weil sie Tag für Tag damit umgehen, es auch wollen und danach suchen. Die Mehrzahl an Mitarbeitern, Führungskräften, Managern und Unternehmern ist aber nicht regelmäßig in Kreativität trainiert. Probieren Sie den Steckbrief ruhig aus. Bearbeiten Sie ihn zunächst einmal für sich selbst, so zum Spaß. Sind Sie nicht erstaunt, zu welchen kreativen Leistungen Sie aufgrund der Bearbeitung der einzelnen Items fähig sind?

Benutzen Sie den Steckbrief bei der nächsten Besprechung mit Mitarbeitern, Kollegen, bei Schulungen und Messen. Oder machen Sie mal ein nettes Spiel im

## Persönlicher Steckbrief

Eine Führungskraft wirkt, wie sie sich äußert!

Name ______________________ Vorname ______________________

Drei persönliche Daten, die ich anderen gerne mitteilen möchte:

Das mache ich in meiner Freizeit am liebsten:

Mein Traumberuf wäre:

Drei entscheidende Stationen/Situationen in meinem Leben:

Darauf lege ich hier in der Gruppe besonderen Wert:

Am meisten bringt es mich auf die Palme, wenn ...

Damit habe ich bei persönlichen Präsentationen immer noch gewisse Schwierigkeiten:

Mein Bild – wie ich mich jetzt und hier sehe und fühle:
(Bitte, Rückseite der Kopie benutzen)

## Bewerberfragen

Welches sind die drei wichtigsten persönlichen Daten in Ihrem Leben?

Was machen Sie in der Freizeit am liebsten?

Was wäre Ihr Traumberuf?

Welche waren die drei entscheidenden Stationen/Situationen Ihres Lebens?

Worauf legen Sie in der Zusammenarbeit besonderen Wert?

Was bringt Sie am meisten auf die Palme?

Welche Schwierigkeiten haben Sie bei persönlichen Präsentationen?

Wenn Sie jetzt ein Bild von sich zeichnen sollten, wie Sie sich jetzt sehen oder fühlen: Wie würde das aussehen? (Zeichnen lassen)

Familien- oder Freundeskreis daraus, mit den Kindern, im Verein vielleicht. Sie werden erstaunt sein, wie viel Informationen Sie zutage fördern und welche bisher noch unbekannten Züge und Aspekte Sie an anderen noch erfahren, mit denen Sie schon länger zusammenarbeiten.

Oder nutzen Sie die Items doch einmal beim nächsten Bewerbergespräch. Dazu bauen Sie die Formulierungen einfach als Fragen in den Gesprächsverlauf ein, wie der Rahmen zeigt. Sie werden mehr Informationen erhalten, als Sie den Bewerbungsunterlagen entnehmen können.

## FREEWHEELING

Der Begriff wurde sichtlich, wie so viele, aus der englischen Sprache eingedeutscht. Dabei bezeichnet der Begriff auch schon die Methode. „Free" heißt eben „frei" und „wheeling" kommt von „wheel", das heißt „Rad". Gemeint ist dabei der mentale Vorgang und Hauptteil der Methode, nämlich die Gedanken freilaufend wie ein Rad kreisen zu lassen. Kenner der Materie fühlen sich sicher sofort an die Technik des „Brainstorming" erinnert. Dieses ist aber seiner Bestimmung nach eine Kreativitätstechnik für die Arbeit in Gruppen. Was ist aber mit meiner Kreativität, wenn ich alleine gefordert bin? Viele Arbeitsprozesse und Aufgaben fordern ja die Leistung des Einzelnen. Wie soll ich dann Brainstorming machen?

Nun, wir müssen nicht verzweifeln. Wir üben jetzt die Methode „Freewheeling", die allerdings auch nur dann funktioniert und brauchbare Ergebnisse einfährt, wenn sie methodisch einwandfrei und unter Beachtung der Regeln benutzt wird. Halbheiten und Oberflächlichkeiten führen wir beim Brainstorming und übrigens bei allen anderen Kreativitätstechniken zu Misserfolg und Enttäuschung. Brainstorming kennt heute jeder. Und dennoch wundere ich mich immer wieder, wie selten diese kreative Methode in praktischen Arbeitsabläufen von Unternehmen angewandt wird.

Wir haben an anderer Stelle schon gesagt: 90 Prozent des Erfolgs ist Vorbereitung. Das gilt für Kreativitätstechniken allgemein und für „Freewheeling" und Brainstorming ganz besonders. Wir müssen mit der Vorstellung aufräumen, dass Kreativität etwas für besondere Menschen – für Auserwählte – ist oder als Geistesblitz durch den Äther vagabundiert, bis er uns trifft oder (meistens) nicht. Sie ist vielmehr verbunden mit sehr viel geistiger Disziplin, Planung und strenger

Methode. Das erscheint vielen Menschen als Widerspruch zur Kreativität. Ist es aber nicht, wie wir sehen werden.

Wir wollen mit einem Beispiel beginnen, mit dem viele erfolgreiche Führungskräfte einen Tag beginnen. Welche Aufgabe wird eine Führungskraft morgens beginnen, nachdem sie sich die wichtigste Frage „Warum freue ich mich?“ gestellt und positiv beantwortet hat? Nun, sie wird zehn Minuten damit verbringen, über den Tagesablauf, den Tagesplan nachzudenken und sich dabei fragen, „was möchte ich heute gerne tun, was reizt mich?“. Sie könnte sich ein Meditationsblatt mit reizvollen Aufgaben des Tages anlegen. Wir wollen an diesem Beispiel die Methode „Freewheeling“ kennen lernen und nachher für andere Übungen vorbereiten. Wir wollen zunächst den Ablauf im Zusammenhang beschreiben und begründen und dann gleich mit Arbeitsblatt und Merkkarte üben.

Die Aufgabe hieße jetzt beispielsweise „Kreative Tagesplanung“. Grundsätzlich fangen wir in der ersten Phase der Arbeit damit an, alle Gedanken dazu frei assoziierend laufen zu lassen und sie, wie sie kommen, zu notieren. Dabei kommt es darauf an, nicht die erste beste Idee für das Nonplusultra zu halten, sondern lange Zeit einfach zu sammeln, wir sagen, bis zur 70. Idee vordringen, um eine Richtschnur zu haben. Wirklich kreative Leistungen kommen nur aus einer Fülle von Ideen zustande, die dann methodisch abgeklopft werden, nicht aber aus zwei, drei guten Ideen. Die meisten Kreativitätssitzungen oder -zirkel hören im Alltag bei wenigen, vermeintlich guten Ideen auf zu sammeln. Der Aufwand des Sammelns ist entscheidend für den Erfolg. Wir müssen uns davor hüten, zu gewichten, bewerten, systematisieren oder bereits zu sortieren.

In der zweiten Arbeitsphase müssen wir nach Zusammenhängen gliedern. Das geschieht nach Verrichtungsmöglichkeiten, zum Beispiel was man vormittags/nachmittags/abends/im Büro/im Auto/auf der Baustelle/telefonisch/zusammenhängend/im Intervall … erledigen könnte. Wohlgemerkt, es soll sich um zeitliche, sachliche, inhaltliche Gliederung von Erledigungsmöglichkeiten, nicht aber schon um Prioritäten oder gar Entscheidungen handeln. In der strikten Einhaltung dieser Spielregeln liegt schließlich der Effekt begründet. Und dabei werden die meisten Sünden begangen.

Erst in der dritten Phase werden wir gewichten. Jetzt werden Prioritäten gesetzt: Was ist wichtig, entscheidend, unerlässlich? Übrigens, denken Sie daran, nicht zu fragen, „was ist eilig?“, sondern, „was ist wichtig im Sinne von entscheidend, bewegend, verändernd?“. Wir können uns weiter fragen, „was kann ich delegieren, was muss ich selbst tun, was muss ich kontrollieren?“. Hier müssen wir die Prioritäten so konsequent und scharf setzen, dass auch Zeitreserven verbleiben. Wir müssen Zeitreserven einplanen für Unvorhergesehenes, um uns eine faire Chance zu geben, abends, nach getaner Arbeit sagen zu können: „Ich habe erreicht, was ich wollte!“ Wir haben uns früher schon mit dem Wortspiel „Niemand plant das Versagen, aber manchmal versagt die Planung!“ beschäftigt. Das gilt hier natürlich in besonderer Weise. Denn hier entscheiden wir über unsere persönliche Zuverlässigkeit uns selbst gegenüber, noch nicht über die tatsächlichen Aufgaben. Das ist aber keine Frage von Charakter, sondern von Gewöhnung, und die kommt durch Übung!

Nach diesem kritischen Abschnitt – und erst dann – werden wir entscheiden. Das ist die vierte und abschließende Phase. Wir legen fest, was wir in den Tagesplan übernehmen wollen, wozu wir uns entschließen, was persönlich wichtig ist, was aus Termin- oder Sachgründen unabänderlich ist, was also zu den „Pflichten“ gehört, um die wir die wichtigen reizvollen, bewegenden, verändernden, entscheidenden Dinge gruppieren.

Simulieren Sie jetzt ruhig anhand des folgenden Übungsblattes und der Merkkarte einmal das Beispiel „Tagesplan“ für sich durch, am besten einige Tage lang, vielleicht einige Wochen. Dann registrieren Sie den Effekt, nicht nach zwei Tagen Misserfolg. Erfolg braucht Gewöhnung und Ausdauer! Kreativität auch. Der Tagesplan als Ergebnis einer Vorbereitung ist der Schlüssel zum Erfolg des Tages.

Die entscheidenden Fragen, die Sie sich stellen sollten, sind immer wieder: „Wie pflege ich heute meine Stimmung?“ und „Was möchte ich heute Reizvolles tun?“. Die Methode des „Freewheeling“ ist wichtig für alle Arten der Vorbereitung und Planung von Arbeit.

Zur weiteren Übung benutzen Sie die Methode zur Bearbeitung der Fragen:

- „Was kann ich tun, um heute in gute Stimmung zu kommen?“
- „Wie kann ich heute im Unternehmen etwas nach unten, oben oder außen bewegen, bewirken?“

Sie werden in einigen Wochen merken, dass Sie enorme Fortschritte in Sachen Kreativität machen.

Vom „Freewheeling“, also der kreativen Vorbereitung alleine können wir auch in das Brainstorming mit einer Gruppe überleiten, am besten nach der zweiten Phase, also nach dem Sammeln und Gliedern, zu zweit, zu dritt, zu viert, mit mehreren, dann hätten wir eine neue Technik. Wir würden erleben, wie die Kreativitätsflamme sich vergrößert und auflodert.

**1. Phase: Sammeln**

Alle Gedanken frei laufen lassen und fixieren:

Die 1. Idee ____________________

____________________

____________________

____________________

____________________

____________________

Die 70. Idee ____________________

____________________

**2. Phase: Gliedern**

nach Erledigungsmöglichkeiten, zum Beispiel vormittags, nachmittags, abends, im Auto, im Büro, auf der Baustelle, unterwegs, zusammenhängend, im Intervall, telefonisch, persönlich …

**3. Phase: Gewichten**

Prioritäten markieren: Was ist wichtig, entscheidend, bewegend, verändernd, innovativ. Was bleibt selbst zu erledigen, was kann ich delegieren?

**4. Phase: Entscheiden**

Was will ich übernehmen? Was reizt mich?
Was ist mir persönlich, der Firma, dem Kunden … wichtig?

### Merkkarte Freewheeling/Vorderseite

**Freewheeling** **Philosophie**

Warum freue ich mich?

Was möchte ich heute Reizvolles tun?

90 Prozent des Erfolgs ist Vorbereitung.

Realistische Planung als Ergebnis der Vorbereitung ist der Schlüssel zum Erfolg.

Eine Idee ruft die andere: Bis zur 70. Idee vordringen.

Statt der ersten besten die einzig richtige Idee finden!

### Merkkarte Freewheeling/Rückseite

**Freewheeling** **Methode**

| | |
|---|---|
| Sammeln: | Bis zur 70. Idee durchdringen |
| Gliedern: | Nach Erledigungsmöglichkeiten |
| Gewichten: | Prioritäten setzen |
| Entscheiden: | In Chancen denken |

# BRAINSTORMING

Diese intuitive Methode der kreativen Gruppenarbeit wurde von dem Amerikaner Alex Osborne methodisch aufbereitet. Er spricht vom „lateralen" Denken. Die Methode wurde schon in der Hindu-Lehre zur religiösen Gruppenarbeit benutzt und hat auch ihre Wurzeln in der sokratischen Fragetechnik. Die größte Schwäche, die dieses sehr populäre Verfahren in der Praxis erlebt, resultiert aus der falschen Anwendung. Daher wird es oft als Zeitverschwendung beiseite gelegt, obwohl man bei der Lektüre von Büchern und bei der Absolvierung von Seminaren von der Methode überzeugt war.

Es ist, wie „Freewheeling", eine Methode, mit der Neues, Unbekanntes in Gruppenarbeit entwickelt werden kann. Brainstorming führt meist aus zweierlei Gründen in der Praxis nicht zu positiven und ermutigenden Ergebnissen. Viele Gruppen gehen in eine solche Sitzung, ohne sich vorher einzeln vorzubereiten. Das muss so schief gehen, wie jede andere unvorbereitete Sitzung oder Besprechung. Wir haben schon erfahren, dass jede Kreativität einen großen Anteil Vorbereitung benötigt. Aus der Vorbereitung muss sich auch die Leitung, die Führung der Brainstorming-Gruppe ergeben. Das bloße Sammeln von frei flottierenden Gedanken zu einem spontan benannten Thema oder wissenschaftlich ausgedrückt, die freie Assoziation, führen schon nach kurzer Zeit zur Einfallslosigkeit. Jede Brainstorming-Gruppe kennt das gefürchtete Einfalls- oder Kreativitäts-Loch. Es entsteht, wenn die Gruppe keine Einfälle mehr produziert. Dann wird meistens abgebrochen und mit dem wenigen erarbeiteten Material weitergeplant. Auf Dauer wird gelernt, dass diese Kreativitätszirkel doch nicht das Gelbe vom Ei sind, weshalb sie dann bald fallen gelassen werden.



Die Voraussetzungen für wirkungsvolle Brainstorming-Sitzungen sind gründliche Vorbereitung aller Mitglieder und die systematische Moderation der Sitzung durch einen dafür qualifizierten Leiter. Die Teilnehmer müssen möglichst gleichrangig sein, damit angst- und repressionsfreie Arbeit möglich wird. Sie sollten hochkarätige Experten ihres Faches sein, aber nicht alle aus einem Fachbereich kommen.

Die Vorbereitung besteht in der konkreten Beschreibung der Aufgabe und der Zielsetzung, die den Teilnehmern unter Maßgabe der gründlichen sachlichen und persönlichen Vorbereitung vor der eigentlichen Sitzung mitgeteilt werden müssen. Ferner sind alle zu der Aufgabenstellung bisher vorhandenen Informationen und Fakten aufzubereiten und den Teilnehmern in geeigneter Form zugänglich zu machen. Dafür ergibt sich zum Beispiel eine hervorragende Chance in der Nutzung von vernetzten EDV-Arbeitsplätzen. Ergänzend können die Teilnehmer sich auch einzeln mit der Methode des „Freewheeling“ auf die Brainstorming-Sitzung vorbereiten. Sie bringen dann in der Regel schon einen gehörigen Kreativitätspegel mit. Man kann allerdings auch die eigentliche Brainstorming-Sitzung mit „Freewheeling“ beginnen. Jeder Teilnehmer arbeitet also nach seiner vorherigen sachlichen Vorbereitung persönlich die erste und zweite Phase (Sammeln und Gliedern) alleine für sich durch. Dann ruft der Leiter der Gruppe zum Brainstorming auf. Man erkennt, dass der Leiter oder Moderator gehörige Vorarbeiten zu leisten hat, um eine Brainstorming-Sitzung erfolgreich zu gestalten.

Die Moderation von laufenden Brainstorming-Sitzungen erfordert wiederum ein gerütteltes Maß an Vorarbeiten für den Moderator oder Leiter. Er muss sich eine Liste von möglichen Steuerungsfragen in systematischer Progression überlegen, mit denen er vermeidet, dass die Gruppe in Kreativitätslöcher fällt. Das ist eine schwierige Aufgabe und setzt viel Arbeit, Übung und Erfahrung in der Leitung von Gruppen voraus. Aber auch Unerfahrene können sich mit Übungen in „Freewheeling“ und mit folgender Methodik professionalisieren und die erstaunlichen Früchte von Brainstorming in ihrer Arbeit verwenden, wenn sie wichtige Grundregeln konsequent einhalten.

Wir haben bei den kreativen Techniken in Gruppen nicht nur den Vorteil, dass uns die Nennungen der anderen Gruppenmitglieder selbst wieder zu neuen Assoziationen führen, wir also durch die Gruppe kreativer werden können. Es gibt auch das Phänomen der gedanklichen Blockade durch die Aussagen der anderen Teilnehmer. Das kommt daher, dass wir, gehirnphysiologisch bedingt, zu einem Zeitpunkt immer nur einen Gedanken haben können. Wir können nicht mehrere Gedanken gleichzeitig, wohl aber hintereinander haben. So, wie nur ein Körper, ein Gegenstand zu einem Zeitpunkt an derselben Stelle im Raum sein kann und nicht gleichzeitig ein anderer.

Haben Sie das nicht schon oft erlebt: Wir unterhalten uns, sprechen mit jemandem, spüren aber genau, dass wir vollständig an ihm vorbeireden, weil er in Gedanken ganz woanders ist? Passiert uns das selbst nicht auch gelegentlich? Man ist häufiger in Gesprächen gedanklich bei unterschiedlichen Themen. Man mag Kindern und Jugendlichen beim Lernen von Vokabeln, Gedichten oder Regeln zusehen. Da gibt es Situationen, da sitzen sie vor den Büchern, aber von dem betreffenden Stoff bleibt nichts hängen, weil die Gedanken der Kinder ganz woanders sind.

Die eben beschriebenen Phänomene können beim Brainstorming auch zu den schon angesprochenen Kreativitätslöchern führen. Und damit haben wir den wesentlichen Grund für den Fragekanon durch den Leiter der Gruppe. Wir wissen, dass Fragen die Aufmerksamkeit lenken. Zusätzlich können sie aber das Denken auch in bestimmte, gewünschte Richtungen lenken. Denn wo jemand sich gedanklich gerade aufhält, hängt ab von unseren Fragen. Fragen können lenken, aber auch ablenken. Daher sind Qualität und Richtung der Fragen wichtig. Wegen der allgemeinen Bedeutung werden wir uns mit der Fragetechnik etwas später in einem separaten Abschnitt beschäftigen.

## WER FRAGT, FÜHRT!

Von der Macht des richtigen Fragens wissen wir seit der Antike. Sokrates, von dem wir durch seinen Schüler Platon wissen, war Meister darin und benutzte die Frage als Lehrmethode. Er war der Auffassung, dass der Lernende alles in sich trägt, um neue Erkenntnisse zu entwickeln, wenn man nur richtig danach frage. Auch in den Dialogen mit seinen Athenern verstand er es durch Fragen meisterlich, seine Gesprächspartner auf eigene Gedanken zu bringen. Daher kommt auch die Bezeichnung „sokratische Fragemethode“. Damit ist nicht eine besonders weise Methode gemeint, sondern die pädagogische Grundtechnik, vom aktuellen Kenntnisstand des Lernenden auszugehen und durch schrittweises, zielgerichtetes Fragen und logisches Kombinieren zum Erkenntnisziel zu gelangen. Die schrittweise Zerlegung von Lernstoff finden wir noch immer in der Methodik-Didaktik der modernen Pädagogik.

Albert Einstein hat ja seine Relativitätstheorie nicht durch originäre wissenschaftliche Arbeit entwickelt oder erforscht. Er fand sie durch Zusammentragen und Befragen der in seiner Zeit vorhandenen wissenschaftlichen Erkenntnisse und mit der Frage nach deren universeller Bedeutung.

Mancher mag meinen, gut und schön, die Frage als Lehrmethode. Aber Lesen, Schreiben und Rechnen kann ich dem Kind damit nicht beibringen. Und ob! Es geht sogar viel besser und intensiver. Anstatt den Kindern die Buchstaben vorzumalen und die Nachahmung zu fordern, brauche ich ein Kind nur bei seinen bisherigen Erkenntnissen und Fähigkeiten in der Wahrnehmung und Umsetzung zu trainieren. Nehmen wir einmal das Erlernen des Buchstaben „A“. Besser als Vormachen ist es, zu fragen: „Wie sieht das aus? Welche Form siehst du?

Was fällt dir auf? An was erinnert dich das?“ Da kommen dann Antworten wie: „Oben spitz. Unten ist das so auseinander. Wie zwei Stangen. Ein Zelt. Ein Dach, ein Haus, eine Hütte, mit Fenster.“ Durch die Fragen knüpfe ich an vorhandene Erfahrungen und das bildliche Vorstellungsvermögen des Kindes an, entwickle somit das „innere“ Sehen, die bewusste Vorstellung von der Gestalt, die zu lernen ist. Damit habe ich eine weitaus bessere Basis, sozusagen vom Kopf in die Hand, die Nachahmung der Wahrnehmung und der Vorstellung, wieder mit einer Frage: „Kannst du das auch malen?“ zu beginnen. Bei zu erwartenden Abweichungen helfe ich nicht durch Hinweise, das sei falsch oder nicht richtig, sondern gebe Hilfestellung durch Fragen: „Was ist bei dir anders als auf der Tafel, im Buch, auf der Vorlage? Siehst du irgendeinen Unterschied?“ Ich habe bei diesen Lernprozessen die Möglichkeit der regelmäßigen Bestätigung und Anerkennung, den Motivatoren des Lernens. Das Lerntempo richtet sich nach den Möglichkeiten des Kindes. Wir befinden uns also in bester Gesellschaft mit den Lernpsychologen.

Später kann man genauso gut Rechtschreibregeln oder mathematische Formeln mit der Fragetechnik entwickeln. Wenn ich zum Beispiel möchte, dass ein Schüler die Regel der Konsonantenverdoppelung in Wörtern lernt, dann muss ich auch diese Erkenntnis bewusst werden lassen. Und durch Fragen schafft man Bewusstsein. Anstatt Kinder immer wieder in das stehende Messer der Korrektur reihenweiser Diktate laufen zu lassen und zu hoffen, dass durch die rote Fehlermarkierung und die anschließende Verbesserung allmählich Rechtschreibung gelernt wird, kann man Kindern und Jugendlichen auch entsprechende Texte und Wörterlisten geben, die Doppelkonsonanten farbig anstreichen lassen, die Wörter sprechen lassen und fragen: „Fällt euch etwas auf? Was merkt ihr, wenn ihr die Doppelkonsonanten sprecht? Was steht denn immer vor den Konsonanten? Was steht danach? Ist das immer so? Können wir da ein Gesetz, eine Regel ableiten?“ Die meisten Kinder sind erstaunt über ihre Fähigkeiten, selbst solche Regeln zu entwickeln. Dann kann ich sie durch die Grammatik, die Sprachlehre, die Vorlage bestätigen. Wir können auf diese Art den Lehrsatz des Pythagoras, quadratische Gleichungen und praktisch alle anderen Lernstoffe mit Lernenden erarbeiten.



Natürlich erfordert diese Art des Lehrens und Unterrichts besondere Anstrengungen von Lehrern und Ausbildern, die diese von ihrer Ausbildung und ihrem Status her nicht immer bereit und in der Lage sind zu geben: detaillierte, intensive Vorbereitung, extrem hohe Konzentration und starke persönliche Zuwendung. Darin mögen Gründe liegen, warum die Methode nicht sehr verbreitet und dozierender Frontalunterricht an der Tagesordnung ist. Der Vorteil liegt allerdings auf der Hand: Da bei dieser Art des Lehrens durch Fragesequenzen primär die intrinsische Motivation (von innen, aus dem Individuum selbst kommender Handlungsantrieb) benutzt und gefördert wird, stellen sich in kurzer Zeit sehr effektive und stabile Lernprozesse ein. Vor allem wird die so sehr gewünschte Fähigkeit des Transfers, der Übungsübertragung, als Nebeneffekt trainiert.

Wir haben im Verlauf unseres Trainings, vor allem auch innerhalb der einzelnen Methoden, immer wieder Fragen formuliert. Am Ende einiger Kapitel finden Sie eine Reihe von offenen Fragen, die Ihnen helfen sollen, bewusst Wesentliches zu überprüfen und zu rekapitulieren. Ich hoffe, dass durch die bisher vermittelten Übungen eine gewisse Gewöhnung an die Technik der progressiven Frage, des aufbauenden Nachfragens entstanden ist und wir uns jetzt noch einmal systematisch damit beschäftigen können.

Ich könnte diesen Absatz auch, um die Wirkung der Frage zu demonstrieren, in ausschließlicher Frageform bringen: Haben Sie die vielen Fragen in den Methoden des Trainings noch in Erinnerung? Welche sind Ihnen besonders haften geblieben? Können Sie spontan fünf solcher Fragen nennen? Und am Ende der Kapitel: Haben Sie die vielen Fragen gesehen? Welcher Art sind diese Fragen? Warum ist es wichtig, diese Fragen zu bearbeiten? Ist bei Ihnen jetzt schon eine gewisse Vertrautheit mit der Fragetechnik entstanden? Welche sind Ihre wesentlichen Erkenntnisse? Wollen wir uns jetzt gemeinsam vertiefend und systematisch mit der Fragetechnik auseinander setzen?

Sprachlich nicht wesentlich aufwendiger, dieser Absatz mit Fragen. Aber sicher ansprechender, lebendiger, mehr zum Mitdenken anregend als die reinen Feststellungen. Oder? Um auch einmal die berühmte, rhetorisch gemeinte Frage der Deutschschweizer nach fast jedem zweiten Satz zu stellen, die aber gar nicht als Frage gemeint ist und auch keine Antwort sucht.

Im Teilnehmertraining lassen wir unter anderem einen Kurzvortrag mit persönlicher Präsentation vorbereiten, der nur aus Fragen bestehen darf. Die Teilnehmer sagen häufig bei Aufgabenstellung „verrückt!“, sind dann aber begeistert von den Resultaten der Präsentationen. Versuchen Sie es einmal zum Selbsttraining, einen Vortrag, eine Information zu 80 oder 90 Prozent aus Fragen aufzubauen.

Abraham Lincoln war ein erfolgreicher Anwalt, bevor er Präsident der USA wurde. Eines Tages gewann er wieder einmal einen Prozess von vielen. Es ging um Folgendes: Damals wurden Lasten noch per Schiff auf den Flüssen transportiert. Als die Eisenbahngesellschaft eine Brücke über den Mississippi bauen wollte, gab es Proteste von der Schifffahrt. Abraham Lincoln hat den Prozess schließlich durch drei scharfe und logisch zwingende Fragen für die Eisenbahn entschieden:

- „Leben wir in einem demokratischen Staat?"
- „Gilt bei uns gleiches Recht für alle?"
- „Gilt dann nicht für die Eisenbahn, was für die Schifffahrt gilt, gleichermaßen?"

Ein anderes Beispiel: Was hat eine Führungskraft mit einem Regenwurm zu tun? Was könnten wir vom Regenwurm lernen? Möchten Sie das Geheimnis des Regenwurms wirklich kennen lernen? Natürlich ist das inhaltlich reiner Unsinn. Und trotzdem versucht man, sich im Augenblick ihrer Stellung mit den Fragen zu beschäftigen. Man ist im selben Moment gedanklich bei der jeweiligen Frage und wird durch die Progression der dreimaligen Wiederholung und Vertiefung in den Sog der Fragenkette gezogen.

Damit ist erkennbar, dass Fragen tatsächlich führen, weil sie die gedankliche Begleitung, das Bewusstsein des Gesprächspartners aktivieren. Deshalb flechten gute Rhetoriker nicht nur Fragen in ihre Vorträge ein, sondern steigern auch Spannung und Wirkung durch Fragen, die sie in sich steigernder Form und Formulierung mehrmals wiederholen.

Erich-N. Detroy schreibt, wie viele erfolgreiche Verkaufstrainer, der Frage im Verkauf eine führende und abschlussfördernde Funktion zu. Er teilt wirkungsvolle Fragetechnik in acht Kategorien ein, die im Verkaufsgespräch sukzessiv aufeinander folgen sollen (Detroy, 1982, S. 101 ff.). Jedoch hinterlässt die dort gezeigte Progression den Eindruck, als sollten Kunden mit verdeckten Psychotricks über den Tisch gezogen werden, nach dem Motto, der Zweck heiligt die Mittel. Wobei der Zweck in diesem Fall der Abschluss des Verkäufers um jeden Preis ist. Das wäre falsch verstandene Macht der Fragetechnik und grenzt an den reißerischen Hochdruckverkauf herkömmlicher Bauart, dessen Tage im Markt gezählt sein dürften, ganz zu schweigen von der moralischen Bewertung. Diese Systeme wurden im Verkaufskonzept von Bernie Cornfields Vermögensfonds IOS und in den frühen Verkaufstrainings der Kopiererfirma Rank-Xerox wirtschaftlich durchaus erfolgreich praktiziert. Sie zeigen noch immer die große Rolle und Macht in den Methoden der Strukturvertriebe von Immobilien, Versicherungen, Bausparverträgen, Kapitalanlagen, wenn es darum geht, Kunden über den Tisch zu ziehen und kundenseitige Vorbehalte mit ausgeklügelten Einwandsbehandlungen auszuräumen.

# WIRKUNGSKONTROLLE – VORBEREITUNG DER PRÄSENTATION

Wie wirken wir eigentlich in einer persönlichen Präsentation? Durch die Sprache? Am allerwenigsten. Wir wirken durch die Gesamterscheinung, also ganzheitlich, weil wir auch multisensorisch wahrgenommen werden. Wir nehmen mit Augen und Ohren wahr, wenn wir mit anderen Menschen beruflich zusammen sind. Manchmal auch mit der Nase. Man sagt ja nicht umsonst gelegentlich: „Den kann ich gut riechen“ oder „ich kann ihn nicht riechen“. Sprache und Körperausdruck sind die Wirkmechanismen par excellence. Zu Beginn und im Verlauf eines Vortrags spielt die Aufmerksamkeit der Zuhörer eine wichtige Rolle. Die ist nicht selbstverständlich und nicht immer von alleine gegeben. Wir müssen sie holen. Und die aufmerksamkeitsfördernde und zum Mitdenken anregende Wirkung von Fragen haben wir bereits erfahren. Daher nutzen wir die Frage auch als Stilmittel bei persönlichen Präsentationen und bauen sie an strategisch bedeutsamen Stellen zu Beginn und im Verlauf des Vortrags schon bei der Vorbereitung verbal ein.

**Vorbereitung**

**90 Prozent des Erfolgs ist Vorbereitung**

| ***Kategorie*** | ***Aktion*** | ***Wirkung*** |
|---|---|---|
| **1. Beginn:** | drei Fragen zur Einleitung | Aufrütteln, in Bann schlagen |
| **2. Verlauf:** | Fragen unterwegs | Mitdenken anregen |
| | eine Frage dreimal | überzeugen |
| | Wir-Form | Gemeinsamkeit |
| | Bilder, Vergleiche, Gleichnisse | Konkrete Vorstellungen |
| | Wichtiges viermal | behalten |
| | Persönliche Anliegen formulieren | mitreißen, bewegen |
| **3. Schluss:** | Aufforderung zur Tat | Handlung erzeugen |

Die Wahl der Wir-Form in der Ansprache vermittelt das Gefühl der Nähe, der Einbeziehung der Zuhörer. Über die verbale Vermittlung des Wir-Gefühls entstehen Zustimmung, Übereinstimmung und kooperatives Verhalten.

## DAS HÖHLENGLEICHNIS

Die Sprache in Bildern und Gleichnissen hat schon Jesus Christus in außergewöhnlicher Brillanz beherrscht. Die Wirkung seiner Gleichnisse auf die Menschen wird in vielen Beispielen in den biblischen Schriften berichtet. Auch die alten Philosophen lehrten uns die Wirkung der Bilder. So hat Sokrates die Stufen seiner Erkenntnistheorie im Höhlengleichnis anschaulich gemacht.

Durch dieses Bild will Sokrates seinen Mitmenschen den sehr schmerzhaften, aber lohnenden Weg der Erkenntnis verdeutlichen. Er sieht die Aufgabe des Philosophen, des Lehrers darin, die anderen Menschen umzudrehen, sie herauszuholen aus der Dunkelheit der Erkenntnis und zum Licht der wahren Erkenntnis zu führen.

Für uns bedeutet das Sprechen in Bildern und Gleichnissen Förderung des konkreten Vorstellungsvermögens, der Machbarkeit, der Umsetzung unserer Gedanken.

## WIRKUNGSKONTROLLE DER PRÄSENTATION



Bei Ausführung der persönlichen Präsentation kommt die Wirkung aus der Vorbereitung, Sprache und Haltung zur Geltung und entscheidet letztendlich über den Erfolg.

Zunächst sind der freie Stand und die Körperhaltung wichtig. Ich erinnere mich gerne an einen meiner Lehrer, den bereits verstorbenen Professor Albert Wellek, der seine Vorlesungen ohne Redemanuskript hielt und nahezu wörtlich aus seinen Büchern dozierte. Eines machte die Vorlesungen des geschätzten Mannes aber unerträglich: Er lief während der gesamten Vorlesung unentwegt die ganze Breite des Hörsaals ab, lediglich für Tafelnotizen anhaltend.

**Wirkungskontrollierte Präsentation**

| Bild | Aktion | Wirkung |
|---|---|---|
| Fels im Meer | Bewusst anders stehen | Ruhe, Sicherheit, „die Rede steht“ |
| Kräfte messen | Erstes Schweigen | Aufmerksamkeit, Konzentration, Spannung, Sammlung |
| Dompteur | Blickkontakt, aktives Schweigen | Kontrolle, Zuhörer für uns gewinnen, zusammentreffen |
| Profi | Bewusste Pausen, Störlaute „äh“ vermeiden | Sicherheit, Konzentration, Überzeugung |

Wir sollten uns bewusst bemühen, während des gesprochenen Wortes grundsätzlich zu stehen, aufrecht, gerade, fest auf beiden Beinen ruhend und mit leicht gespannter Haltung. Es gibt nichts Schlimmeres als die Fragezeichen-Haltung, der elegante schiefe Hüftknick, möglicherweise noch mit aufgestützter Hand, Verrenkungen und Verschränkungen der Arme und Beine. Solche, meist von Unsicherheit zeugenden Haltungen sind nicht nur unschön anzusehen, sie lenken auch die Aufmerksamkeit ab und sind insofern sogar störend.

Herren sollten das Jackett geschlossen tragen. Brieftasche, Portemonnaie, Schlüsselbund, Feuerzeug, Zigaretten, Tempotücher und andere Utensilien sollten aus dem Anzug verschwinden. Sie tragen auf, beulen die Figur aus und machen die Erscheinung unförmig. Damen unter den Führungskräften haben da eine bessere Tradition: Sie verstauen gemeinhin nichts in der Kleidung. Das Handtäschchen hat da schon Vorteile.



Die allzu saloppe Haltung mit der Hand in der Hosentasche dokumentiert eher Nachlässigkeit, Oberflächlichkeit, Überheblichkeit, vor allem aber Unhöflichkeit als lässige Sicherheit. Das sind unangenehme Gewohnheiten mit schlechter Wirkung, Themen für Kontrontation.

Die Grundstellung dokumentiert, visualisiert unsere Einstellung zur Sache und zum Publikum. Daher sollten wir uns beim Vortrag immer an das Bild „Fels im Meer“ erinnern, was unsere Haltung angeht. Wir sollten versuchen, die Haltung bewusst anders zu gestalten und die abschreckende Wirkung negativer Beispiele registrieren. Haltung erzeugt erste Beachtung, Spannung und Aufmerksamkeit. Bewegung zeigen wir nur zur Betonung und Unterstreichung der Sprache durch Mimik und Gestik, wichtige Wirkungsmittel, die in Rhetorik-Seminaren gelehrt werden.

Viele Sprecher treten vor ihre Zuhörer und fangen noch während des Gehens mit der Begrüßung an. Wir sollten bewusst vor den Teilnehmerkreis treten, Sammlung zeigen, das Publikum mit den Augen wohlwollend-freundlich fixieren, das Auge über alle Zuhörer schweifen lassen und schweigend einige Sekunden warten. Das sammelt auch die Zuhörer, weckt Aufmerksamkeit und Konzentration. Es ist auch ein erstes positives Kräftemessen mit sicherem Blickkontakt und hat Kontrollfunktion für den Redner, ob denn auch alle zuhören.

Während des Ablaufs ist der ständige Blickkontakt wichtig. Daher sind stichpunktartige Redemanuskripte, die dann frei vorgetragen werden, wesentlich brauchbarer als verlesene Texte. Mit dem Augenkontakt gewinnen wir die Zuhörer für uns und registrieren auch deren Reaktionen. Wir vereinbaren mit den Zuhörern ein „rendez vous“ der Augen. Sie sind das wichtigste Kommunikationsmittel überhaupt. Nun sollte man den Vortrag natürlich auch nicht abspulen wie ein Diktat. Die Pause ist ein wichtiges Wirkungsmittel. Nach besonders wichtigen Aussagen, nach Fragen sollten wir immer eine bedeutungsvolle Pause des Redeflusses einlegen, den Blickkontakt erhalten und warten können.

Wir lassen den Zuhörern Zeit, die Information oder die Fragen wirken, sacken zu lassen. Es ist ein Schweigen, um die Menschen zu gewinnen, nicht aber die Situation etwa mit Arroganz zu beherrschen. Denken wir hier an das Bild eines Dompteurs, der ruhig einige Augenblicke während der Vorführung verharrt, um Ruhe und Konzentration in seine Nummer zu kriegen.

Das in Vorträgen am meisten störende Element kommt sehr harmlos-unscheinbar daher. Es sind die vom Vortragenden geäußerten Störlaute. Allen voran ist das verbreitete „äh“ zu nennen. Manche Menschen benutzen auch ein stereotypes „so“ oder „also“ vor oder nach den Sätzen. Im deutsch-schweizerischen Sprachraum ist die Marotte „oder“ schon Gemeingut geworden. Räuspern, Zungenschnalzen, Schmatzen sind weitere Störlaute.



Eine gute Information und Präsentation sollte immer mit einer Diskussion abschließen, um die Wirkung zu kontrollieren, weitere Fragen und Gedanken zu erörtern, Missverständnisse auszuräumen, Alternativen zu suchen oder überhaupt neue, kreative Lösungen zu finden. Der Diskussionstechnik widmen wir jetzt einen besonderen Abschnitt.

# DISKUSSIONSTECHNIK

Nicht selten kommt es vor, dass selbst nach einem gelungenen Vortrag Peinlichkeit entsteht, wenn zur Diskussion übergeleitet wird. Es ist ja auch verständlich. Das Gros der Menschen ist gedanklich noch mit den Informationen beschäftigt oder mit der imposanten Wirkung des Vortragenden. Auch im Kommunikationszeitalter trauen sich viele Menschen nicht, spontan in einer Gruppe zu diskutieren, noch dazu, wenn diese fremd ist.

Eine Übung bietet sich ohne technische und räumliche Vorbereitungen und Veränderungen im Anschluss an jeden Vortrag an. Man bittet dazu die Zuhörer, drei oder fünf Minuten, auf keinen Fall länger, in Zweier- oder Dreier-Sitzgruppen miteinander die erhaltenen Informationen mit dem Ziel zu diskutieren, dass jede Gruppe dann die drei wichtigsten Ergebnisse der Mini-Diskussion dem Plenum darstellt. Schon hat man die Teilnehmer aktiviert und die Diskussion entfacht allmählich auch in der passivsten Gruppe.

Man kann die Methode auch noch variieren, indem man die Instruktion gibt, die Teilnehmer sollten die drei oder fünf wichtigsten Erkenntnisse in Zweier- oder Dreiergruppen zusammentragen und berichten. Damit besteht gegenüber der ersten Version, die Kleinstgruppen nur zur Diskussion untereinander aufruft, der Vorteil, dass hier die konkrete Aufgabe der Sammlung der wichtigsten Erkenntnisse bearbeitet werden soll. In beiden Fällen gelingt aber der Sprung in eine lebhafte Diskussion.

Solange nun eine Diskussion im Plenum harmonisch, konstruktiv und produktiv verläuft, lassen sich mit Gewissheit auch positive, weiterführende Ergebnisse ableiten. Was aber, wenn die Diskussion kritisch verläuft oder gar einen Hang zur Aggressivität entwickelt? Es gibt ja Menschen, deren Intellekt scheint darauf trainiert zu sein, Diskussionen grundsätzlich zerreißen zu müssen. Das sind die notorisch destruktiven Kritiker, die selbst wahrscheinlich mit sich so uneins sind, dass man sie eher bedauern möchte. Man findet sie bei Mitarbeiterbesprechungen, Betriebsversammlungen, politischen Veranstaltungen, in Vereinen und selbst bei wissenschaftlichen Symposien. Wenn wir solche Leute aber unter unseren Diskussionsteilnehmern sitzen haben, dann heißt es, mit ihnen umzugehen. Das Schlimmste wäre, sie zu übergehen oder sie mit Belehrungen noch mehr zu reizen, weil sie Brüskierungen, Verletzungen oder gar Erniedrigungen gerne heimzahlen.

**Diskussionstechnik**

| | |
|---|---|
| **1. Abwarten:** | Nicht schlagfertig reagieren, überlegen, wohlwollender Blickkontakt |
| **2. Bestätigen:** | „Quittung" geben, Anerkennung, Aufwertung mit Begründung |
| **3. Antworten:** | Sachlich überlegt antworten oder Frage an die Runde weitergeben |
| **4. Ja-Reaktion:** | Zustimmung und Bestätigung für die Antwort einholen |

Fragen wir uns doch zunächst einmal: Was will jemand, der aggressiv fragt, in erster Linie? Will er mich ärgern oder will er sich profilieren? Die meisten aggressiven Frager wollen sich bei näherem Hinsehen profilieren. Was geschieht nun, wenn wir auf eine aggressive Frage (oder Aussage) blitzartig, prompt, schlagfertig reagieren? Wir reizen damit noch mehr. Der andere schlägt zurück. Es kommt leicht zur Verletzung der Eitelkeit und Eskalation der Aggression. Es müsste also gelingen, unangenehme, aggressive Fragen wohlwollend aufzunehmen. Was geschieht dabei? Welche Chance haben wir dann? Wir haben die Chance, dass unsere nachfolgende Antwort eher wohlwollend aufgenommen wird. Das wäre ja auch ein gutes Ziel:

*Wir wollen den Menschen, nicht die Diskussion gewinnen.*

Übrigens, da steckt noch mehr drin als nur Diskussionsleitung. Das ist die „Hohe Schule" der Kommunikation schlechthin. Roboter, Computer können heute auch kommunizieren. Aber eines können sie nicht: So antworten, dass der Fragende sich gut fühlt.

Wir wollen uns eine Methode erarbeiten, die uns helfen soll, den Menschen, nicht die Diskussion zu gewinnen.

## Kommentar

Viele Diskussionen führen zu nichts, weil die Gespräche zerbrechen, Unfriede aufgrund von Besserwisserei und Rechthaberei entsteht. Unsere Bildung und Erziehung haben uns Schlagfertigkeit gelehrt und abgefordert. Schlagfertigkeit erzeugt Belustigung bei gerade nicht betroffenen Zuhörern, Triumph bei dem, der sie ausgibt und Verletzung bei dem Getroffenen. Was will ich in einer solchen Situation noch gewinnen? Aussichtslos ist das Gemetzel.

Nutzen wir die Phase des ruhigen, aktiven Zuhörens, warten wir ab, dann gewinnen wir selbst viel Zeit zum Nachdenken, anstatt impulsiv und schlagfertig zu reagieren. Zeigen wir auch dem kritischsten Frager die Miene des Wohlwollens. Nehmen wir ihn als Person positiv auf und wir werden schon die Hälfte der Spitze ohne Gewalt brechen.

Dann folgt die wichtigste Phase überhaupt: die Bestätigung. Erinnern wir uns noch? Was sucht der Mensch von früh bis spät? Eben, Bestätigung, Anerkennung. Was sucht derjenige, der sich profilieren will? Noch mehr Bestätigung. Also geben wir sie ihm und erzielen einen positiven Effekt, den Fortgang der Diskussion mit der Chance, den Menschen zu gewinnen. Zur Übung brauchen wir eine Liste mit guten Bestätigungen und Quittungen.

### Bestätigungen

Das ist eine gute Frage ...

Was soll ich dazu sagen? Das ist eine schwierige Frage.

Die Antwort ist nicht leicht.

Die Frage will ich gerne beantworten.

Diese Frage ... freut mich ... habe ich erwartet ... habe ich nicht erwartet ... überrascht mich, weil ...

Diese Frage ... hat mir noch keiner gestellt ... bringt mich in Verlegenheit ... ist schwierig zu beantworten ... ist nicht so schnell zu beantworten ...

Das ist eine sehr wichtige Frage.

Damit sprechen Sie ein Kernproblem an.

Da muss ich erst nachdenken:

Sie fragen ... sehr korrekt ... direkt ... genau ... präzise.

Sie wollen es aber wirklich wissen.

Auf diese Frage war ich vorbereitet. Diese Frage wird mir öfters gestellt.

Einverstanden ...

Schön, dass Sie mich das fragen, denn ...

An die Phase der Bestätigung können wir jetzt im gleitenden Übergang die Antworten anschließen, die mit Sicherheit wohlwollend aufgenommen werden. Bei besonders schwierigen Fragen oder, wenn wir im Moment wirklich keine sachliche Antwort parat haben, können wir einmal einen kleinen Trick benutzen, der im Übrigen in Gruppen sehr gut ankommt. Wir geben die Frage einfach weiter an die Gruppe. Etwa mit folgenden Formulierungen:

**Bestätigungen** (Fortsetzung)

Sie beobachten gut, danke für den Hinweis.

Das ist ja das Entscheidende, weil ...

Sie treffen den Nagel auf den Kopf, weil ...

Sie sprechen mit Recht einen kritischen Punkt an, weil ...

Gut, dass Sie darauf kommen ...

Gut, dass Sie das ansprechen, weil es genau darauf ankommt ...



„Die Frage ist wirklich sehr schwierig zu beantworten. Ist jemand hier, der eine gute Idee dazu hat?“

„Hat da jemand gute Erfahrungen?“

„Können Sie sich denken, was das bringt?“

Damit kämen wir dann zur nächsten Phase, den Ja-Reaktionen. Dabei geht es darum, mit dem Fragenden nach der Antwort einen Konsens herzustellen und abzuriegeln, dass unsere Antwort zufrieden stellend war.

„Können wir diesen Punkt damit abschließen?"
„Haben wir den Punkt damit hinreichend behandelt?"
„Können Sie im Augenblick mit der Antwort etwas anfangen?"
„Reicht Ihnen das soweit als Antwort?"

## VERHANDLUNGSTECHNIK

Wir haben bisher fast ausschließlich vom Umgang mit dem Mitarbeiter gesprochen, weniger vom Umgang mit dem Kollegen oder dem Chef. Außerdem haben wir auch schon die Wirkung der Führungskraft nach oben und außen für die Sicherung des langfristigen Unternehmenserfolgs herausgestellt. Viele Unternehmen und Organisationen kranken daran, dass die Führungskräfte – und die Funktionen beginnen bereits beim Vorarbeiter, Gruppenleiter, Montageleiter, Meister – Aufgaben ausführende Organe im Betrieb sind und weniger an ihrer positiven und kreativen Wirkung nach oben und außen arbeiten. Da fehlt das unternehmerische Bewusstsein anstelle der Bedienstetenmentalität. Wir haben aber schon festgestellt, dass es die Aufgabe einer Führungskraft ist, bester Berater ihres Chefs zu sein. Das heißt eigentlich „nach oben wirken".

Nun hat ein Chef ja auch Fehler. Kollegen auch. Und sie dürfen ruhig Fehler haben und machen. Der Chef braucht aber auch Freunde, die ihn beraten. Manche Chefs nehmen sich externe Berater, weil die eigenen Führungskräfte auf diesem Gebiet versagen. Ein interner Berater hat aber den Vorteil, vieles detaillierter, fundierter und praxisnäher zu sehen, wenn er sich ein offenes, kritisches Bewusstsein erhalten hat.



Es geht also nicht darum, mit dem Chef die Erfolge zu feiern, sondern gerade auch Schwieriges und Unangenehmes mit ihm zu besprechen. Manche Führungskraft macht durchaus Anläufe dazu, geht aber dann im letzten Moment unverrichteter Dinge an der Tür des Chefs vorbei. Alles bleibt beim Alten. Die Chance zur Veränderung ist vertan.

Zunächst greift auch hier unsere Eingangsübung „positive Merkmale am anderen finden". Wir sollten uns also auch in der Kommunikation mit dem Chef ruhig mit unserer Grundeinstellung beschäftigen und systematisch fünf oder besser zehn Punkte finden, die uns an unserem Chef sympathisch sind. Das gilt natürlich auch für ein Gespräch mit dem Kollegen. Benutzen wir die Methode „Freewheeling" dazu, dann geht es effektiver.

Eine weitere Vorbereitung ist nötig. Es hat wenig Sinn, mit Vorwürfen, vorwurfsvollem Unterton oder mit Konfrontation zu arbeiten. Nicht bei Mitarbeitern und noch weniger beim Chef. Wir haben selbst beim Tadel gelernt nicht anzugreifen, weil das nur negative Spannungen erzeugen und keine Chance zur Veränderung lassen würde.

Die meisten Menschen interessieren sich in erster Linie für sich selbst und ihre Befindlichkeit. Die Erkenntnis sollten wir nutzen, indem wir vom anderen sprechen. Manche Gespräche mit dem Chef beginnen mit „ich habe Sie nie erreichen können". Darin liegt schon ein Vorwurf, der kein offenes Gespräch mehr zulässt. Die Weichen sind schon negativ gestellt. Bersser ist es, inhaltlich dasselbe zu sagen aber anders zu formulieren: „Ich weiß, Sie waren in letzter Zeit sehr angespannt." Unter Umständen kann man noch das Projekt benennen, mit dem der Chef zuletzt so stark beschäftigt war. Dann könnte die Formulierung so aussehen: „Ich weiß, Sie waren in letzter Zeit sehr stark mit dem Projekt XY beschäftigt." Und dann weiter: „Ich möchte Sie gerne mal sprechen. Wann haben Sie mal Zeit dafür?" Wir brauchen wahrscheinlich keinen Einschub „es ist wichtig" oder „in einer wichtigen Angelegenheit". Der Gesprächspartner dürfte an der Gesprächseröffnung schon merken, dass es nicht um ein Gespräch über Wetter oder Urlaubserinnerungen gehen mag.

Findet das Gespräch jetzt oder zu einem vereinbarten Zeitpunkt statt, dann sollte man vom Ziel her argumentieren beziehungsweise fragen. Wir sollten also jetzt keine Konfrontationstechnik benutzen, etwa in der Art „Es geht um Folgendes …", „… Folgendes ist geschehen …" oder „… wir müssen Folgendes verändern …" sondern von aktuellen Zielen ausgehen. Beispiele für vom Ziel her orientierte Fragen sind: „Wollen wir in diesem Jahr das Ziel XY erreichen?", „Gilt das noch, dass das Projekt XY bis … abgeschlossen sein muss?", „Ist Liefertermintreue für uns noch immer ein wichtiges Merkmal?" usw.

Jetzt kommt ein Abschnitt, der in Verkaufsverhandlungen eine entscheidende Rolle spielt und deshalb im Verkaufstraining ausgiebig behandelt und geübt wird. Denn es geht auch hier jetzt gewissermaßen um Verkauf, nämlich den Verkauf einer Botschaft mit unter Umständen unangenehmem Inhalt. Untersuchen wir die Wirkung der obigen Fragen. Die Fragen sind so gehalten, dass ein vernünftiger Vorgesetzter in der Regel nur zustimmen kann. Er wird aber aufgrund des Verlaufs nicht nur zustimmen, sondern er wird ein „… aber …" anhängen. Vielleicht mit dem Inhalt „das ist doch bekannt", „darüber müssen wir doch nicht reden", „das versteht sich von selbst" oder „deshalb wollten Sie mich jetzt sprechen?". Was passiert? Genau das, was in vielen Verkaufsgesprächen leider auch geschieht. Wir lassen uns fast regelmäßig von dem „aber“ und dem, was danach kommt, lenken und ablenken.

Testen Sie dieses Phänomen der Ablenkung durch Art und Inhalt des „aber“ einmal im Alltag. Erzählen Sie Ihrer Frau, Ihrem Freund, dem Partner kurz etwas von einem vielleicht kürzlich besuchten Seminar: „Du, das XY-Seminar war hochinteressant. Also, da habe ich einige Sachen gelernt, die kannst du überall anwenden. Muss ich dir unbedingt erzählen. Aber am letzten Tag beim Mittagessen, da ist etwas Unmögliches passiert …“

Was will der Gesprächspartner vermutlich wissen? Probieren Sie es aus. Meistens will er zunächst die Inhalte des interessanten „aber“ hören, das Negative, das Schlimme. Wir sind gut trainiert auf negative Sensationen, weil wir es täglich in den Medien vorgekaut kriegen. Und der Mensch denkt in Einbahnstraßen.

Das kennen wir auch aus dem Verkauf. Der Kunde sagt im Verlauf des Gesprächs: „Ja, die Farbe gefällt mir gut.“ Was sagt der geschulte Verkäufer, der unbedingt all seine guten Produkteigenschaften in Kundennutzen ummünzen will? „Und da haben wir eine Palette weiterer schöner Farben. Darf ich Ihnen die mal zeigen?“ Er lenkt den Gedankengang des Kunden ab. Begeht er diesen Kardinalfehler im Verkaufsgespräch noch häufiger, darf er sich nicht wundern, dass er nicht zum Abschluss kommt.

Das ist erlebte Verkaufs- und Verhandlungspraxis. Die Kunden sagen sinngemäß: „Ja, die Ausführung, die Leistung, das Merkmal gefällt mir gut, ist mir wichtig …“ Was antwortet der Verkäufer? „… und schauen Sie sich unsere anderen Möglichkeiten, die weiteren Leistungen an. Auf diesem Gebiet sind wir sogar führend. Dazu bekommen Sie noch den Super-Service. Alles inklusive.“

Wir lenken den Kunden damit von seinen gegenwärtigen Gedanken ab. Kein Autokäufer erzählt doch seinen Freunden „Der Verkäufer Müller hat mir ein Auto verkauft“. Jeder sagt doch „Ich habe mir das Auto gekauft“. Wenn wir spüren, was hier wirklich vorgeht, drehen sich Verkaufsgespräche und andere Verhandlungen in Ablauf und Ergebnis um 180 Grad.

Wir lenken den Gesprächspartner also durch unsere eigenen Gedankenverflechtungen leicht von seinen Gedanken ab und, was noch dazu kommt, wir reagieren allzu leicht auf das „aber“. Im Verkaufstraining demonstriere ich das mit ganz einfachen Übungen, indem ich beispielsweise auf einen Teilnehmer zugehe und zu ihm sage: „Herr XY, Ihr Hemd, das Sie da tragen, gefällt mir sehr gut. Ich möchte Sie gerne fragen, wo Sie das gekauft haben. Aber die Schuhe, die Sie da tragen, die passen nicht so gut dazu.“ Immer reagiert der so Angesprochene deutlich auf die Inhalte des „aber“ mit Rechtfertigungsversuchen oder Schuldbekenntnissen. Probieren Sie das, wie gesagt, in verschiedenen Alltagssituationen einmal selbst aus.

Oder nehmen wir eine Alltagssituation. Jemand berichtet von einem Spaziergang im Gebirge: „In dem Gebirgsbach schwammen herrliche Forellen, aber am Ufer im Geröll lag eine tote Katze.“ Die meisten Zuhörer beschäftigen sich mit der Frage, wie die Katze dahin gekommen ist.

Was bleibt zu tun? Wo ist der Ausweg? Nun, wir müssen zunächst genau hinhören, um das Positive, das der Gesprächspartner äußert, zu erfassen. Das greifen wir auf, verstärken es und lassen den negativen Unrat einfach vorbeischwimmen. Jetzt kommt unsere ganze Kunst des Fragens zum Tragen. Das Aufgreifen und Verstärken geschieht durch positive Fragen, mit denen wir die Aussagen des Gesprächspartners verlängern und verstärken.

Auf unsere Beispiele bezogen hieße das „Warum sagt Ihnen diese Farbe so zu?“, „Was ist Ihnen an der Leistung so wichtig?“.

Auch die darauf erfolgenden Antworten werden wieder mit positiven Fragen verlängert. Damit rückt die Kundenaussage, die Partneraussage in den Mittelpunkt und wir steuern die Richtung. Oder, zurück zu unserem Chefgespräch. Der Chef sagte doch „Ja, natürlich ist das wichtig, aber …“ Also lassen wir die Beachtung der Aber-Inhalte weg und verlängern die Zustimmung zur Eingangsfrage, verbunden mit unserer Absicht, etwa so: „Dann sind Sie an Ideen, die dazu beitragen, interessiert?“

Die Zustimmung verlängern wir weiter: „Auch wenn das eine gewisse Korrektur des derzeitigen Vorgehens bedeutet?“ usw. Es ist schwierig, jetzt hier eine natürliche Frage-Antwort-Kette darzustellen, ohne die tatsächlichen Antworten zu haben. Aber das Prinzip der Aussageverlängerung durch positives Weiterfragen dürfte klar geworden sein.



## Positive Aussagen durch positive Frage = Pfeile verlängern

Ist durch die Verlängerung der positiven Antworten des Gesprächspartners die Öffnung, die Bereitschaft, die Neugierde zur Informationsaufnahme unter den vorher eingegrenzten Bedingungen geschaffen, dann können wir in der nächsten Phase die neuen Vorschläge, Anregungen, Verbesserungen, Veränderungen mit der Gewissheit einbringen, dass sie ernsthaft und seriös aufgenommen werden, ohne von einem schnellen „aber“ vom Tisch gewischt zu werden.

**Merkkarte Verhandlungstechnik**

**Verhandlungstechnik**

1. Wer ist wem sympathisch?
   Empathieübung: Positive Merkmale am anderen finden
2. Keine Vorwürfe
   Keine Konfrontation
3. Vom anderen sprechen
4. Vom Ziel her argumentieren bzw. fragen
5. Positives Herausstellen
   Positive Pfeile verlängern
   Nicht Negatives verstärken
6. Vorschläge und Anregungen einbringen
7. Möglichst dem anderen die positive Wahl lassen

**Bester Berater des Chefs sein.**
**Bewusst nach oben und außen wirken.**

Zum Schluss ist es günstig, eine positive Wahl zwischen zwei guten Möglichkeiten zu lassen, damit der Gesprächspartner leichter wählen kann. Aber das muss nicht, kann aber eine Erleichterung des Gesprächsabschlusses sein.



## DIE INFORMATIONSKONFERENZ

Neben der Informationsaufnahme und der Übermittlung ist die Verarbeitung auch im Zeitalter fast totaler Kommunikation in Organisationen ein Alltagsproblem. Meetings und Besprechungen lassen oft den durchschlagenden Erfolg der erarbeiteten oder ausgegebenen Informationen und Erkenntnisse vermissen. Es gibt Unternehmer, die schon gar keine Mitarbeiterbesprechungen mehr abhalten, weil sie sagen, das bringe ihnen nichts. Typisches Beispiel ist trotz aller guten Ansätze und Bemühungen bei den Beteiligten die leidig-lästige Chefinformation.

Sie ist angesagt, wenn Mitarbeiter von externen Schulungen, Trainings, Messen, Reisen oder Projekten kommen, deren Ergebnisse dann dem ganzen Betrieb oder bestimmten Betriebsteilen und Mitarbeitern zukommen sollen. Durch Kurzberichte sollen Informationen ausgetauscht, systematisch aufgenommen und in Planungskonsequenzen überführt werden. Die Probleme liegen oft in den individuell sehr unterschiedlichen Wahrnehmungen, Darstellungsweisen und Schwerpunkten.

Wir empfehlen dazu eine systematische Vorgehensweise zur Verbesserung der Ausbeute und Umsetzung von Ergebnissen, die emotionale und fachliche Aspekte erfasst und dennoch eine kurze Informationsaufnahme zulässt, bei der nicht palavert und geschwafelt werden kann. Die Steuerung der Info-Konferenz erfolgt durch präzise, phasenweise ablaufende Fragen des Gesprächsleiters, in der Regel des Chefs, nach dem Schema auf der nächsten Seite.

Wozu zwingen wir die Runde der Mitarbeiter durch diese Vorgehensweise?

Nun, sie muss durch den Ablauf und die Stringenz der Fragen zwangsläufig immer in Dimensionen von Erreichtem denken. Und dahin sollten wir Mitarbeiter auch führen, immer in Ergebnissen und erreichten Leistungen zu denken und zu berichten. Das schafft Präzision, lässt Unwichtiges weg und hilft bei der Übertragung. Wenn Ergebnisse einmal dünn oder schwach sind, wie vielleicht nach einer groß angelegten Verkaufsaktion, dann sollten wir uns zu positiven Teilergebnissen und Ergebnissen auf dem Weg durchfragen. Wurde zum Beispiel nicht einmal kostendeckender Umsatz eingefahren, dann können wir „auf dem Weg" nach positiven Elementen fragen: „Wie viele Gespräche wurden geführt?" „Wie viele Kundenkontakte gab es?", „Was haben Sie aus der Aktion gelernt?" Denn es ist wichtig, dass wir auf den jeweiligen Stufen auch ehrliche Anerkennung zollen können. Wir wissen doch, dass Mitarbeiter am liebsten und ehesten selbst gesteckte als vorgegebene Ziele erfüllen und erkämpfen. Deswegen sollten wir den Gesprächsverlauf immer so durch Fragen lenken, dass der Mitarbeiter trotz Fehlmeldungen sich Ziele setzen kann, auf die er stolz sein kann.

## Abb. 7 Die Info-Konferenz

**Symbol** | **Phasen**

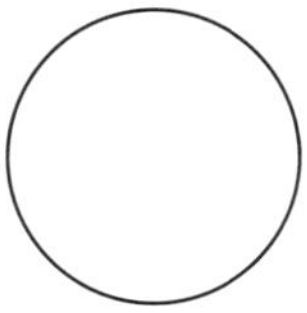

**1. Allgemeine Information zur Situation**:
Thematik, Atmosphäre, Klima, Arbeitsweise.
Helfende Cheffragen: Wie war es allgemein? Wie hat es Ihnen gefallen?

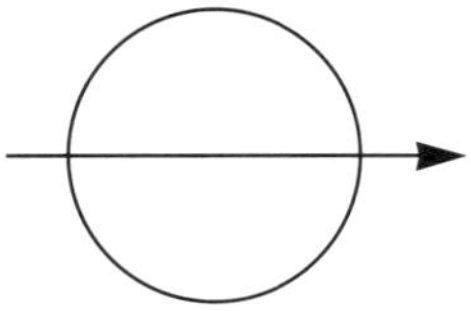

**2. Zielsetzung der Maßnahme:**
Cheffrage: Wie war die Zielsetzung?

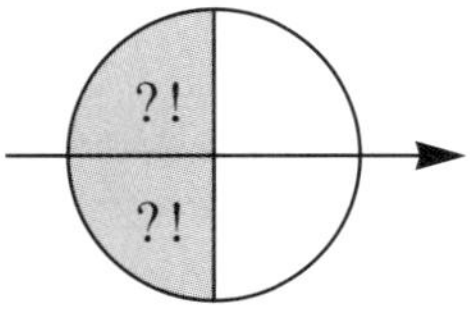


**3. Bisher Erreichtes?**
Cheffrage: Was haben Sie bisher erreicht?
Anerkennung für Erreichtes.

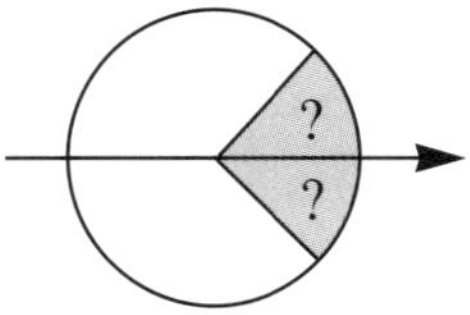


**4. Noch zu lösende Aufgaben.**
Cheffrage: Was ist noch zu tun?
Welche Aufgaben sind noch zu lösen?
– Anerkennung für Aussagen.

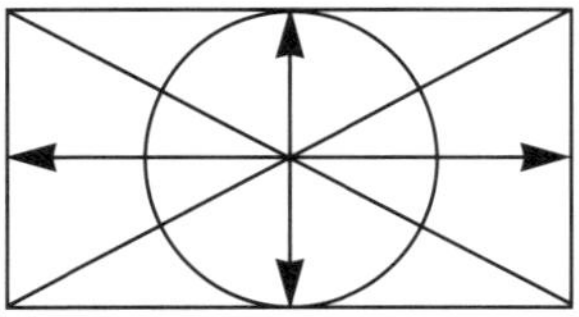

**5. Wege, Maßnahmen, Hilfen**
Cheffrage: Was schlagen Sie vor?
Welche Hilfestellungen benötigen Sie?
Kann ich mit Ihrer Hilfe rechnen?
– Anerkennung für Aussagen.

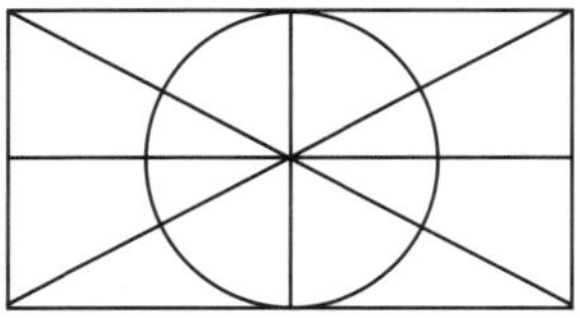

**6. Konkrete Vereinbarung**
Cheffrage: Wie sollen wir also verbleiben?

# PERSÖNLICHE FÜHRUNGSGRUNDSÄTZE

Viele Unternehmer und Führungskräfte beantworten die Frage, ob sie nach Führungsgrundsätzen handeln, positiv. Schwieriger wird es dann schon bei der Aufforderung nach konkreter Formulierung derselben.

Größere Unternehmen haben in Verbindung mit ihrer Corporate Identity Broschüren und Mitarbeiterhandbücher mit Führungsgrundsätzen. Wenn ich manchmal die Teilnehmer solcher Firmen bei Trainingsveranstaltungen bitte, spontan die fünf oder zehn wichtigsten Führungsgrundsätze zu nennen, dann verbreitet sich Verlegenheit. Aber so ist das im Leben. Die zehn Gebote können die meisten Menschen noch sinngemäß aufsagen. Führungsgrundsätze sind aber meist so umständlich, unverständlich, schwierig und gewichtig-langatmig formuliert, dass man sie schlecht behalten kann. Politiker machen Gesetze mit meist guten Absichten. Die Ergebnisse sind oft genauso unverständlich und kompliziert.

Führungsgrundsätze müssen einfach und leicht verständlich sein. Und sie müssen konkretes, erwünschtes Verhalten ausdrücken, sonst kann sich keiner daran orientieren. Auf dem Hintergrund der allgemeinen Führungsgrundsätze des Unternehmens sollte jede Führungskraft ganz persönliche Grundsätze des Umgangs mit Mitarbeitern formulieren und sogar sichtbar im Büro, am Arbeitsplatz fixieren.

Wir haben in verschiedenen Trainings und Seminaren Beispiele für solche Führungsgrundsätze, natürlich auf dem Hintergrund der Philosophie dieses Buches, gesammelt. Einige davon sollen zu eigenen Formulierungen anregen:

- Von mir selbst mehr (Qualität, Stärke, Lernen etc.) verlangen als andere erwarten.
- Vom Mitarbeiter mehr verlangen als jeder andere. (Mehr im Sinne von „trau ihm mehr zu“ – „mach ihn erfolgreicher“)
- Am Mitarbeiter und seinem Erfolg mehr Anteil nehmen als jeder andere.
- Den Mitarbeiter vor Angst schützen.
- Mut haben zur Delegation.
- Fördern durch Fordern.
- Management by Sokrates.
- Geduld, zuhören können, nicht aufgeben.
- In Chancen denken.

**Abb. 8** **Führungsgrundsätze**

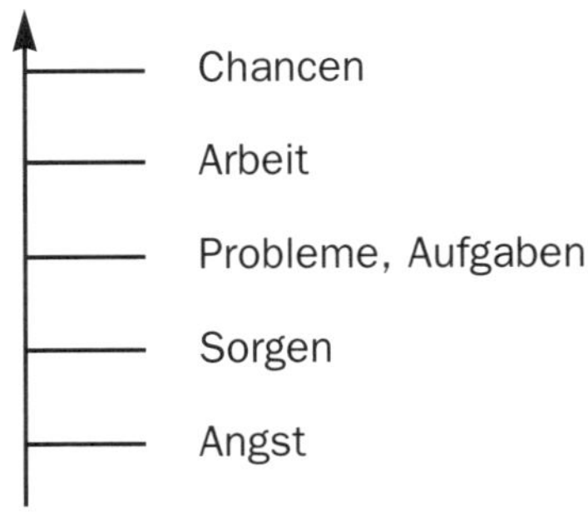


Wobei der letzte Führungsgrundsatz auf einer Skala seinen Platz an oberster Stelle hat (siehe Abbildung 8).

Und jetzt noch eine Aufforderung zur Tat zum Abschluss des Trainings:

Bei der Formulierung von Führungsgrundsätzen stellen wir die Maximen unseres Führungsverhaltens auf. An ihnen werden wir gemessen und sollten uns selbst messen. Sie sollten so konkret formuliert sein, dass man eine Zeichnung, ein konkretes oder abstraktes Bild daraus machen könnte. Und das ist ganz wörtlich gemeint!

Lassen Sie jetzt Ihrem Geist, Ihrer Kreativität als Führungskraft freien Lauf. Stellen Sie zunächst im Rahmen Ihrer Firmenphilosophie und unter Zuhilfenahme dieses Buches Ihre persönlichen Führungsprinzipien zusammen, springen Sie über Ihren eigenen Schatten und stellen Sie diese auf einem großen Paperboard, Plakat oder einer Wandzeitung großformatig bildhaft dar. Das Ganze müsste so gestaltet werden, dass Sie das Ergebnis Ihrer Gestaltung schriftlich und bildhaft an Ihrem Führungsarbeitsplatz, sichtbar für Mitarbeiter, Chefs, Kunden und andere Besucher aufhängen und präsentieren möchten.

Und wenn Sie wollen, schicken Sie mir unter der im Kapitel „Der Autor" angegebenen Anschrift Ihr schönstes Exemplar zu. Ich werde ganz bestimmt Kontakt mit Ihnen dazu aufnehmen. Darauf freue ich mich.

Zum Schluss noch eine kurze „Gebrauchsanleitung" für den schnellen Einsatz. Sie finden auf der folgenden Seite eine Übersicht, aus der Sie im Schnellverfahren die Anwendung der wichtigsten Führungsmittel zu praktischen Führungsaufgaben zuordnen können. Viel Spaß und Erfolg dabei: Führen Sie kreativ, indem Sie Ihre Mitarbeiter kreativ fördern!

## Schnellhilfe

1. Suche ich nach Voraussetzungen zur Entwicklung kreativer Führung: Innere Sicherheit, Lebensqualität, soziales Empfinden, das richtige Wort, Zeit und Anteil nehmen, Bereitschaft zur Veränderung.
2. Habe ich vor, nichts zu tun, was andere auch tun können?
   *Führungsmittel: Delegation*
3. Sollen meine Mitarbeiter ohne Reibungsverluste arbeiten lernen? Sollen sie stolz auf ihre Firma sein?
   *Führungsmittel: Lob – Anerkennung*
   *Warum freue ich mich?*
4. Möchte ich die Bereitschaft meiner Mitarbeiter zu mehr und besserer Leistung?
   *Führungsmittel: Anteil nehmen*
5. Suche ich allgemein mehr Motivation? Will ich mehr fördern durch fordern? Brauche ich bessere Zielvereinbarungen?
   *Führungsmittel: Motivationsgespräch*
6. Ist meine Einstellung zum Mitarbeiter positiv? Denke ich an seine Entwicklung? Wünsche ich mehr Verantwortung und Eigeninitiative? Will ich planvoll fördern?
   *Führungsmittel: Qualifikationsgespräch*
7. Will ich unbewusste Fehler und Mängel beseitigen?
   *Führungsmittel: Kritikgespräch*
8. Muss ich unangenehme Gewohnheiten ändern?
   *Führungsmittel: Konfrontationsgespräch*
9. Muss ich bewusste, wissentliche Fehler beseitigen?
   *Führungsmittel: Tadelgespräch*
10. Will ich führen durch konkrete und reizvolle Zielsetzung?
    *Führungsmittel: Kontrollgespräch*
11. Will ich bessere Planung, neue Aufgaben vorbereiten, mehr Kreativität, Visionen, Mitverantwortung, Delegation, Teamgeist entwickeln?
    *Führungsmittel: Info-Konferenz*
    *Diskussionsleitung*
    *Freewheeling – Brainstorming*
12. Will ich bestimmte Verhaltensweisen und Einstellungen ändern?
    *Führungsmittel: Fragen – Bestätigungen*

# Literatur

Adorno, T. W./Frenkel-Brunswik, E./Levinson, D. J. und Sanford, R. N.: The Authoritarian Personality. New York, 1950.

Bachmann, Anita/Schaeffer, Michael (Hrsg.): Neue Wege – neue Ziele. Denkanstöße und Orientierungshilfen in einer Wendezeit. München, 1990.

Besser-Siegmund, Cora: Erfolg ist reine Willenssache. Magic Words für Manager. Düsseldorf, 1995.

Bochenski, I. M.: Die zeitgenössischen Denkmethoden. Bern und München, 1965.

Bois-Reymond, Manuela du: Strategien kompensatorischer Erziehung. Das Beispiel der USA. Frankfurt/Main, 1971.

Brocher, Tobias: Gruppendynamik und Erwachsenenbildung. Braunschweig. 1967.

Capra, Fritjof: Die Vernetzung der Weltprobleme. In: Bachmann/Schaeffer, ebd.

Carnegie, Dale: Wie man Freunde gewinnt. Die Kunst, beliebt und einflussreich zu werden. Bern und München, o. J.

Demmer, Karl et al.: Die neuen Managementtechniken. Was jeder Unternehmer und Manager von den neuen Techniken wissen sollte. Landsberg, 1981.

Detroy, Erich-N.: Abschlusstechniken beherrschen und gekonnt einsetzen. Zürich, 1982.

Deutscher Bildungsrat: Empfehlungen der Bildungskommission. Strukturplan für das Bildungswesen. Bonn, 1970.

Drucker, Peter F.: Die ideale Führungskraft. Düsseldorf, 1967.

Edding, Friedrich: Auf dem Wege zur Bildungsplanung. Gütersloh, 1970.

Feinberg, M. R., Tanofsky, R. und Tarrant, J. J.: Chefs müssen wieder führen. Die neue Psychologie für Manager. Landsberg, 1984.

Grof, Stanislav: Neue Perspektiven in der Psychotherapie und der Selbsterforschung. In: Bachmann & Schaeffer, ebd.

Heckhausen, Heinz: Leistungsmotivation. In: Handbuch der Psychologie, 2. Band, Thomae, Hans (Hrsg.): Allgemeine Psychologie. II. Motivation. Göttingen, 1965.

Hehlmann, Wilhelm: Wörterbuch der Psychologie. Stuttgart, 1962.

Henderson, Hazel: Neue Wege. In: Bachmann & Schaeffer ebd.

Hentig, Hartmut von: Cuernavaca oder: Alternativen zur Schule? Stuttgart/München, 1971.

Hoffmann, Heinz: Kreativitätstechniken für Manager. Landsberg, 1981.

Iben, Gerd: Kompensatorische Erziehung. Analysen amerikanischer Programme. München, 1971.

Jungk, Robert: Selber Schöpfer sein. In: Bachmann & Schaeffer, ebd.

Michelsen, Gerd: Wandel – der Blick nach vorn. In: Bachmann & Schaeffer, ebd.

Ogger, Günter: Das Kartell der Kassierer. Die Finanzbranche macht Jagd auf unser Geld. München, 1994.

Olfert, Klaus und Rahn, Horst-Joachim: Einführung in die Betriebswirtschaftslehre. Ludwigshafen, 1992. (Reihe Kompendium der praktischen Betriebswirtschaft von Klaus Olfert, Hrsg.)

Peters, Thomas J. und Waterman Jun., Robert H.: Auf der Suche nach Spitzenleistungen. Was man von den bestgeführten US-Unternehmen lernen kann. Landsberg, 1984.

Reddin, William J.: Das 3-D-Programm zur Leistungssteigerung des Managements. Managerial Effectiveness. Landsberg, 1981.

Rückle, Horst: Körpersprache für Manager. Signale des Körpers erkennen und erfolgreich umsetzen. Landsberg, 1985.

Russell, Peter: Synergie: Lebensprinzip – Managementprinzip. In: Bachmann & Schaeffer, ebd.

Tausch, Reinhard und Tausch, Annemarie: Erziehungspsychologie. Psychologische Prozesse in Erziehung und Unterrichtung. Göttingen, 1970.

Vester, Frederic: Abkehr vom mechanistischen Denken als Chance zur Lösung gesellschaftlicher und ökologischer Probleme. In: Bachmann & Schaeffer, ebd.

Zimmermann, Klaus A.: Rezession und Krise – Chance zur Erneuerung. In: Verlags-Sonderveröffentlichung, Altmark-Zeitung, Magdeburg, Stendal, 1992.

Zimmermann, Klaus A.: Die Unternehmensanalyse. Schnelltest und Analysebogen. Unveröff. Manuskr., Viersen, 1992.

# Der Autor

**Klaus A. Zimmermann**, Jahrgang 1943, Diplom-Psychologe, ist Berater von Organisationen, Verbänden, Verwaltungen und Unternehmen mit den Schwerpunkten Organisationsberatung, Verkaufs- und Managementtraining.
In über 20 Berufsjahren führte er Vorträge, Seminare und berufsbegleitende Weiterbildungsmaßnahmen mit den verschiedensten Berufsgruppen durch. An den über 300 mehrtägigen offenen und geschlossenen Lehrveranstaltungen, die in Intervallen über längere Zeiträume stattfanden haben mehr als 7000 Mitarbeiter aus öffentlichen Verwaltungen, freien Verbänden und Wirtschaftsunternehmen teilgenommen.

Klaus A. Zimmermann ist unter folgender Adresse zu erreichen:
Postfach 120444
41722 Viersen

# Register

In gleicher Ausstattung sind im FALKEN Verlag erschienen:
Humanes Management als Schlüssel zum Erfolg (7462); Charisma – Mehr Erfolg durch persönliche Ausstrahlung (7464); Mit Benchmarking an die Spitze (7503); Net Gain – Profit im Netz (7504); Anti-Machiavelli für Manager (7563); Erfolgreiche Öffentlichkeitsarbeit (7505); Das Prinzip Unschärfe (2580); Führen mit Visionen (2581); Veränderungsmanagement (2582)

Sie finden uns im Internet: **www.falken.de**

Dieses Buch wurde auf chlorfrei gebleichtem und säurefreiem Papier gedruckt.

Der Text dieses Buches entspricht den Regeln der neuen deutschen Rechtschreibung.

ISBN 3 8068 2649 8



**Umschlaggestaltung:** Rohwedder + Becker, Büro für Konzept und Gestaltung, Mainz
**Layout:** Klaus Ohl, Wiesbaden
**Titelfoto:** ZEFA, Düsseldorf
**Lektorat:** Dr. Andreas Lukas/Sabine Bernatz
**Redaktion der Lizenzausgabe:** Simone Harland, Pegestorf
**Koordination:** Birgit Schlegel
**Herstellung:** Petra Zimmer



**Satz:** FROMM MediaDesign GmbH, Selters/Ts.
**Druck:** Ludwig Auer GmbH, Donauwörth

817 2635 4453 6271